JN006697

すいすい学べる

認知行動療法

行動療法の基本と
認知療法、マインドフルネス

松野航大
嶋大樹
原真太郎

ナカニシヤ出版

はじめに

心理学の世界に飛び込み，そこで初めて「行動療法」や「認知行動療法」に触れる学生のみなさま！　そして，「行動療法」や「認知行動療法」を改めて基礎からゆっくり学んでみたいなぁというセラピストの先生方！　本書はみなさまにとってのファーストステップのテキストとなることを願いつつ執筆しました。

本書の内容は，**行動療法**を中心として，認知療法，マインドフルネスまで……少し変な言い方になりますが，**基礎から少し応用，そして最新の知見までの「認知行動療法の基本」**を網羅的に含んだものとなっています。このテキストを皮切りに，その後，どの認知行動療法の専門書に進んでいただいてもつまずくことなく学びを深められる，そんな一冊になることをめざしました。

本書は，他の心理学の専門書籍とはかなりカラーが異なります。まず，さながらワークショップや授業で講義を受けているような，わかりやすいことばで書きました。**すべて話しことば**で書かれています。難しさや堅さを可能な限りなくして，スムースに行動療法，認知行動療法の世界に入っていけるように心がけました。

偏見かもしれませんが，特に行動療法は，難しい理論や専門用語が多く，初学者にはなかなかとっつきにくい，難解なイメージがあるのではないでしょうか。そのうえ，それらの種々の理論や専門用語の解説は抽象的なことばで書かれています。そしてそれは，なにかもっともらしい小難しいことばで……。

恥ずかしながら私たちが初めて行動療法を学び始めたときも，「文字は読めるけど意味がさっぱりわからない。かっこいいことばが並んでいるけど……いったいなんなんだ⁉」ということが多々ありました。ひとつひとつの理論や専門用語というのはとても大切で，大事な意味がぎゅっとつまっています。一度わかってしまえばとても便利な道具にもなります。しかしながら，一見すると難しそうで，それによって学ぶことを敬遠してしまう方も少なくないと思います。

そこで，本書では，ひとつひとつの理論や専門用語に対して**とにかくたくさんの具体例**を入れました。「それぞれの理論や専門用語が指しているものは，実際のところどういったものなのか？」ということについて，具体例から理解できるように解説しています。具体例から理解した後には，抽象的な説明がいかにわかりやすく，端的にまとまっている記述なのかがわかるようになるでしょう。具体例と抽象的な説明を行き来しながらひとつひとつの章を読み進めるなかで，どんどんと基礎知識のレベルアップが達成されていくはずです。

同時に，それらの理論や専門用語を少しでもわかりやすくすばやくつかんでいただけるように，さらにいえば，いつでも簡単に振り返りができるように，ところどころに四角で囲われたPOINTを示し，**ひと目で重要な理論や専門用語がわかる**ように工夫しました。索引からも引けるようにしていますので，用語集のようにお使いいただくことも可能です。ぜひ学習の際にお役立てください。

本書を読み終わる頃には，行動療法や認知行動療法に対する難しいイメージはきっとなくなっているでしょう。

それでは一緒に行動療法，認知行動療法の世界に入っていきましょう。

2024年1月

松野航大・嶋大樹・原真太郎

もくじ

第2部 行動療法の実践

第3部 認知療法, 認知行動療法への展開 そして第3の波へ

序章 認知行動療法の概観

0.1　行動療法に飛び込もう！

みなさんは**行動療法**と聞いて，何を思い浮かべますか？　初めて学ぶ人は，「堅苦しくて難しそう」「心理療法っぽくない名前だな」と思うかもしれません。すでに基礎を学ばれた方は，「行動変容や曝露だよね」「いにしえの心理療法らしい」「考えや感情はどうする？」といったことでしょうか。ひと口に行動療法といっても，説明のされ方はさまざまで，全体像の把握には骨が折れます。また，行動療法という単語を検索してみると，**認知療法**や**認知行動療法**というワードもヒットします。行動療法，認知療法，認知行動療法のそれぞれは，確かに共通点も多く，類似した説明がなされることもよくあるのですが，実は大きく異なっている部分もあるので混乱してしまいます。

さて，本書は，行動療法を中心とし，認知行動療法をはじめて本格的に学ばれる学生さんから，臨床心理士・公認心理師などの対人援助職の方まで，たくさんの方に幅広く活用してもらうことをめざしています。そのために，基礎知識や基礎理論を丁寧に紹介しながら，実践のイメージを膨らませてもらえるようにまとめています。

まず本章では，行動療法，認知療法，認知行動療法の全体像をとらえていきます。認知行動療法の発展の歴史と，それぞれの背景哲学を見てみましょう。「哲学?!　難しそう!!」と思うかもしれませんが，身構える必要はありません。“世界観”と言い換えておけば安心でしょう。

とはいえ，世界観の違いは，支援方法や目標，問題の理解の仕方，技法の考え方などの違いを生み出します。この異同をおさえることで混乱がなくなり，行動療法，認知療法，認知行動療法のそれぞれについて，きっと深く理解できるようになるはずです。

0.2　行動療法の展開

（1）発展の歴史――3 つの波

まずは，行動療法の発展の歴史を見てみましょう。Hayes, S. C. は行動療法を 3 つの波に分類しました（Hayes, 2004）[＊1]。第 1 の波は 1950 ～ 60 年代に始まる行動療法（behavior therapy：BT）で，第 3 ～ 4 章で扱う**レスポンデント条件づけ**や**オペラント条件づけ**を代表とする**学習**を基盤とします。

続く第 2 の波は 1970 年代頃から台頭した認知療法（cognitive therapy：CT）です。思考やイメージなどの**認知**を強調する立場です（第 9 章）。行動療法と認知療法には技法や対象などの重なりがあり，しだいに認知行動療法（cognitive behavioral therapy：CBT）として合流していきます[＊2]。

そして 1990 年代から展開し始めた第 3 の波では，**マインドフルネス**や**アクセプタンス**，**価値**などといった要素を重視します（第 10 章）。行動療法の立場から認知を代表とする新たな要素を取り込み，拡張しています。

次に，それぞれの特徴を見てみましょう。

＊1　“波”という表現は，研究・理論・実践を組織化するのに役立つ，主要な前提，方法，目標の一群・体系を表す比喩です（Hayes, 2004, p. 640）。“波”ということばの代わりに“世代”ということばで表現されることも多くあります。なお，新しい波が前の波を消し去ったり，前の波の知識や技法が不要になったりするというわけではありません。

＊2　ここでいう認知行動療法とは，行動療法と認知療法をミックスした心理療法や状態を指します。しかし一方で，近年は行動療法と認知療法とこの認知行動療法を全部まとめた意味で認知行動療法という言い方をすることもあります。前者も後者も同じように「ニンチコウドウリョウホウ」と呼びますが，異なる意味で使われる場合があるので注意が必要です。なお，後者の場合，領域全体を指すことを強調した形で，「認知 / 行動療法」あるいは「認知・行動療法」（cognitive and behavioral therapies）と記述することも増えてきました。

(2) 行動療法，認知療法，認知行動療法

第1の波である“行動療法”は，学習に関する実験研究から導出された種々の原理を，臨床の問題に応用した心理療法です。行動療法には Skinner, B. F. に端を発する流れと，Wolpe, J.，Eysenck, H. J.，Shapiro, M. B. らの流れがあります[*3]。つまり，行動療法は単一理論からなるものではなく，共通の特徴を有する心理療法群といえるでしょう。その特徴には，学習の原理に基づく基礎–応用のリンクを重視すること，パーソナリティや意識でなく行動の変容をめざすこと，変化のために環境要因を操作すること，などが含まれます。

Skinner と Wolpe らの2つの流れは同じ分類にまとめられますが，いくつか違いもあります。その差異には，基礎理論，行動のとらえ方（本人のみが観察可能な活動（思考など）を行動として扱うか否か）などを含みます。たとえば，Skinner の流れに属する行動療法では，皮膚の内側で生じる活動も行動として扱いますが，Wolpe らの流れでは他者から観察可能な行動に焦点を当てます。両者の世界観は異なっており，別方面へ発展していきます。

続く第2の波である“認知療法”は，出来事の歪んだ解釈やそれに基づく行動が心理的問題をもたらすというモデルを取り入れた心理療法群です（Beck et al., 1979）。認知療法・認知行動療法の発展に特に大きな役割を果たしたのは，Ellis, A.，Bandura, A.，Beck, A. T. といった研究者です。彼らは，行動療法が目に見える行動の変容に焦点化して，認知や情報処理といった潜在的過程をほとんど扱わなかったのとは異なり，出来事の受け取り方や思考を重視しました。行動療法では扱える問題が限定されていたため，反すうや心配などの，他者から観察不可能な問題も扱えるように拡張していきました。

1960 年代は認知革命と呼ばれる転換が起こっており，それ以降，認知科学や情報処理科学が発展していました。こうした状況下で行動的介入と認知的介入が統合され，認知行動療法としてさまざまな技法やパッケージが開発されました。しかし，行動と認知の比重や認知の位置づけは多様でした。その伝統は現

＊3　この2つの流れは，「Skinner の**行動分析学**（behavior analysis）」と，「Pavlov, I. P. による反射の研究を代表とするロシア神経科学（S [stimulus]-R [response] 心理学）と認知や情動などの行動に対する説明概念を探求する媒介行動主義（S-O [organism] -R 心理学）が合流した学習理論」の応用に対応します（Morris, 2022）。どちらも学習を扱いますが，内容や考え方は異なります。なお，Skinner の行動理論の応用は**応用行動分析学**（applied behavior analysis）と呼ばれ，行動療法とは厳密には異なります。

在にも引き継がれており，ひと口に認知行動療法といっても，行動療法的性格の強い立場と認知療法的色合いの濃い立場があります[*4]。認知療法的立場では，思考や信念の心理的問題への関与を強調しますが，行動療法的立場では認知を表立っては扱わず，伝統的な学習理論を重視します。つまり，セラピストの介入についても，クライエントさんの状態や変化のプロセスの理解についても，軸足を置く理論がかなり異なるのです。

そして第3の波では，さらに違ったアプローチが提案されます。以前の波では，“内容”の変化が主たる目標でした。つまり，非機能的（ネガティブ／非合理的な）思考や，行動の形態（内容やカタチ）の変化をめざしていました。一方，第3の波では，思考と行動の**関係性**や**機能**の変化が強調されます。心的現象の内容はもちろんですが，それだけではなく文脈や機能に焦点化し，広範・柔軟・有効なレパートリーの確立をめざします。特に，問題となっている感情や思考の直接的な変容ではなく，それらを受容する戦略（マインドフルネスやアクセプタンスなど）を採用する点が特徴です。

こうした変化を導いた要因のひとつには，第2の波で重要視されている“認知変容が行動変容には必要である”という前提と一致しない知見の蓄積があげられます。たとえば，認知行動療法の治療パッケージを分離して，うつに対する効果を比較した研究があります（Jacobson et al., 1996）。その研究では参加者を，行動的技法のみ，行動的技法と認知的技法の一部，パッケージ全体の治療を受ける，という条件に分け，それぞれの効果を検討しました。その結果，改善の程度は同等でした。このような，認知療法の前提を支持しない知見も示

＊4　行動療法と認知療法をミックスした意味での認知行動療法では，認知療法の人たちが行動療法の要素を取り入れて「認知行動療法」と称している場合もあれば，行動療法の人たちが認知療法の要素を取り入れて「認知行動療法」と称している場合もあるということです。たしかに両者ともに似たような内容が含まれますが，背景理論を含め根本的にはまったくといっていいほど異なります。なのに同じ名前で呼ぶようになってしまったので大混乱になるわけです。

そこで，そのようなわかりにくさから，それぞれを区別するために，単に認知行動療法と表現せずに，「行動療法的な認知行動療法（行動療法系認知行動療法）」，「認知療法的な認知行動療法（認知療法系認知行動療法）」などと呼ぶことがあります。さらに現代ではマインドフルネスの要素が強いものは，「マインドフルネス的な認知行動療法（マインドフルネス系認知行動療法）」という呼ばれ方がされることもあります（熊野，2012；熊野他，2016）。しかし，ほとんどの研究者 / 臨床家はこれらのどの立場であったとしても，みーんな「認知行動療法」という語を使います。自身の領域を記述し，その詳しい立場を明示することは稀です。書籍や論文を参照する際には，認知行動療法の多様性をおさえた上で，どの意味で「認知行動療法」ということばが使われているのかに注意しておくといいでしょう。用語の混乱が軽減するはずです。

され，認知変容を必ずしも重視しない考え方が発展しました。それに関連して，ネガティブな認知や感情そのものではなく，それらのコントロールが問題を生起，維持するという考え方が提案されたことも要因のひとつです（e.g., Hayes et al., 1996; Wegner, 1994）。

以上のような発展をたどる行動療法ですが，第1，第2，第3すべての波で，（グラデーションはあれど）科学的根拠の重視，測定可能な指標の採用，治療パッケージの開発・検証・普及などの共通点があります。しかし，それぞれの世界観には相違があります。次はその点を見てみましょう。

（3）世界観

ここでは，行動療法の全体像の理解に有用と思われる事項に限定して説明していきます。よく参照される世界観は，**要素的実在主義**（elemental realism）と**機能的文脈主義**（functional contextualism）です。表 0–1 に概要を示しましたが，以下に簡単な整理を試みます。

まず要素的実在主義では，世界を機械のように，独立した要素や部品の集合としてとらえます。そして，要素間の関係や因果の特定をめざします。ちょっと小難しい話になるので，図 0–1 をご覧いただきながら，以下を読み進めてください。認知療法で考えるのであれば，環境と行動や感情などとの関係は情報の入力と出力となります。そして，それらの媒介となって個人差を生み出すのが認知になります。すると，適応的 / 不適応的な行動や感情を生み出す“正しい / 歪んだ認知”が想定でき，介入方針として内的媒介要因（認知）の変化が導かれます。したがって，認知変容に焦点化する第2の波，その発展版である第3の波（新世代）のなかの一派，学習の説明を刺激–反応や刺激–刺激連合の形成や修正に訴える第1の波の中の一派はこの世界観であるといえます。この世界観の真理基準（何が真実かを判断するためのモノサシみたいなもの）は，理論による現象の予測，理論と出来事との一致です。

一方の機能的文脈主義では，認知も行動としてとらえ，同じ枠組みで分析します。そのため，認知や感情を他の行動の原因とは考えず，代わりに認知や行動が“その文脈で”どのような機能を持つかに焦点化します。つまり，文脈（時間的・空間的に広がりを持つ，行動の外側の世界）との関係でそれらを理解し

表 0-1　**認知行動療法における要素的実在主義と機能的文脈主義における主要な特徴の比較**

	要素的実在主義	機能的文脈主義
真理基準	科学的記述（理論）と観察された出来事・事実との客観的な対応やその予測	恣意的に設定された目標の達成，目標の達成に役立つこと（有用性）
研究や分析の主題	行為単独	文脈のなかの行為
科学の目的	環境と行動の関係を媒介する“部分・部品・要素（e.g., 心的構成概念，神経学的接続）”とそれらの関係の特定，うまく機能するためのメカニズムとして必要十分な操作条件や力（e.g., 注意，動機づけ，認知容量，情報）の特定	行動の予測と影響
分析の単位・方法	全体の理解のために“部分・部品・要素”を扱う	文脈のなかの行為を全体として扱う（要素に分解せず，文脈と相互作用する有機体全体を分析する）
因果関係	ある要素が他の要素の真の原因となりうる	行動の外側にある文脈的要素が“原因”の候補とみなされる（ここでの“原因”は設定された目的の達成に有用かどうかを述べる用語であり，因果が実在することを意味しない）

（Hayes & Hayes, 1992; Hughes, 2018; Mccracken, 2022; 武藤 , 1999, 2011 を参考に作成）

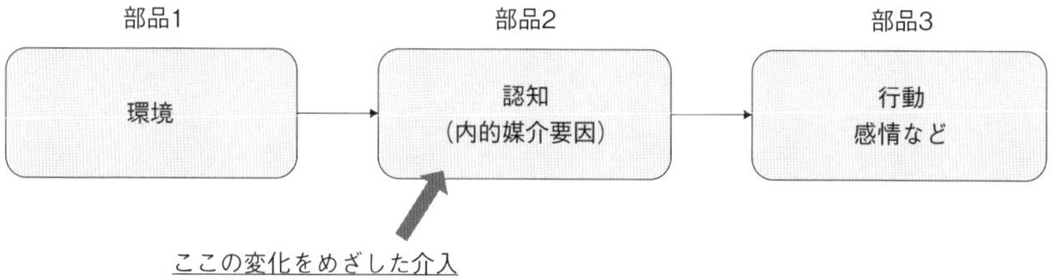

図 0-1　**要素的実在主義**

ます。そして，操作可能な文脈に働きかけて行動に影響を与えます（図 0-2）。機能的文脈主義では，因果の実在や究極的な真理を想定しません。そのため，ある目標が設定された際の，その達成への有用性が真理基準となります。機能的文脈主義では，行動の“予測と影響”を達成することが目標であり，行動変容に有用なことが“真”とみなされます。このような世界観は，Skinner が体

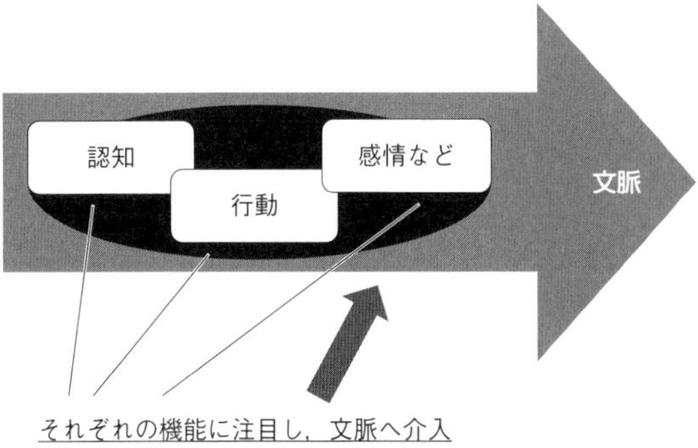

図 0-2　**機能的文脈主義**

系化した行動分析学の臨床場面での応用である，**臨床行動分析**（clinical behavior analysis）で採用されています＊5。

以上，代表的な世界観を概観しました。全体像の理解は難しい課題ですが，行動療法には異なる世界観を持つグループがあることをおさえておきましょう。この先，具体的な理論や応用を学ぶなかで，各世界観やその実践との関連が少しずつ見えてくるはずです。

0.3　まとめ

学習理論をベースにした行動療法，認知理論をベースにした認知療法，それらがミックスされた意味での認知行動療法，そして行動療法・認知療法・マインドフルネスのすべてを包括した意味での認知行動療法（＝認知 / 行動療法，認知・行動療法）……それぞれの用語の指す意味とそれぞれの区別がかなりクリアになったのではないでしょうか。というわけで，最後に認知行動療法をこんな風にまとめてみました＊6。

＊5　世界観を比較して，正しい / 優れているものを決めることは不可能です。世界観は物事の見方であり，選択されるものです。ただし，自身，議論の相手，支援の対象がどの世界観を選択しているかを自覚 / 理解しようとすることは有用です（Hughes, 2018）。なお，Skinner 自身の哲学的背景は徹底的行動主義（radical behaviorism）であり，厳密には機能的文脈主義とは異なります。

➡認知行動療法
認知や行動の変容および受容を通して，問題の改善やセルフコントロールの向上，そしてより良い人生の構築をめざす心理療法。

本章では，認知行動療法の全体像を概観するために，歴史と世界観を扱いました。まずこれらを学ぶことは，広い視野からの領域の理解や，研究や実践の方向性の明確化に役立ちます。その一助として全体の変遷を図 0-3 に示します。本章の話題はハードルの高いものでしたが，現時点では大まかな地図が描けていれば十分です。先に進んで，最後にもう一度この地点に戻ってきてください。きっと深ぁ～く理解ができるようになっているはずです。

ここからが本格的な行動療法への旅の始まりです[*7]。科学と実践のつながりや，クライエントさんの人生を切り開くための技術や考え方を知り，それを活用するための第一歩を踏み出しましょう！

（嶋大樹・松野航大・原真太郎）

＊6　この説明は，行動療法の体系，認知療法の体系，マインドフルネスの体系を包含した総合的な意味で認知行動療法をとらえたものになっています。

また，ここで“認知や行動”の変容および受容としたのは，認知や行動は直接操作することのできる変数であるという考え方に由来します。「昨日の夕食のメニューを思い出してください」と言われたらすぐにラーメンを食べたと思い出せますし，「右手を上げてください」と言われればすぐに右手を上げたり下げたりできます。つまり認知や行動は直接操作が可能であるということです。一方で，急に「今，怒ってください」と言われても怒りを急に上げたり下げたりはできません。「心臓をドキドキさせてください」と言われても，心拍数のコントロールはできません。つまり，基本的に感情や身体反応というのは直接操作することはできないのです。ちなみに「嫌なことを思い出したら怒りがわいてきて，脈も速くなりました！」とよく反論を受けますが，それは「嫌なことを思い出す」と認知を操作しているのです。実はここが重要なのですが，感情や身体反応は，認知や行動を操作することによって間接的に操作が可能な変数なのです。したがって，認知行動療法では実際に操作できるものが介入 POINT となりますので，“認知”，“行動”，そして，それらと密接に関連している“環境”がターゲットになります。ただし，もちろんそのためには感情や身体反応も大事にしないとぜーんぜんうまくいきません。認知行動療法では認知と行動がクローズアップされがちですが，同じくらい，場合よってはそれ以上にものすごく感情と身体反応も大切にします。

＊7　ちなみになぜ本書が認知行動療法のなかでも，行動療法を中心に扱っているかという理由に少しお答えしておきましょう。まず，行動療法は認知行動療法のなかでもその背景となる理論的基盤が確固たるものであるからです。換言すれば，科学的にきちんと実証された基礎理論に基づく（筆者の知る限りおそらく唯一の）心理療法だからです。実証研究の積み重ねで構築された頑健性のある心理療法をみなさまにご紹介したいという思いがありました。また，第 3 の波は基本的には行動療法が中心になっており，現代の認知行動療法を理解する上で欠かせないということもあります。ほかにも行動療法にフォーカスした理由はたくさんあるのですが，それはまた本書のところどころで触れていきたいと思います。

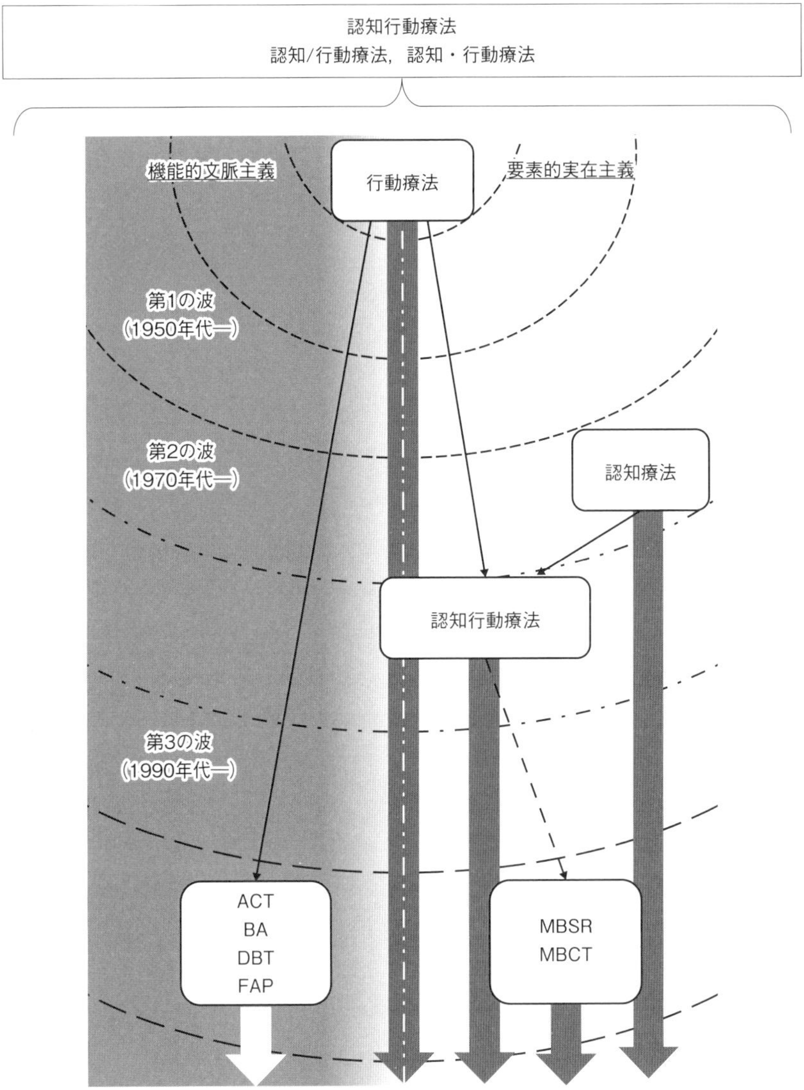

図 0-3　**認知行動療法の発展の歴史とその世界観の全体像**

注）ACT: Acceptance and Commitment Therapy; BA: Behavioral Activation; DBT: Dialectical Behavior Therapy; FAP: Functional Analytic Psychotherapy; MBSR: Mindfulness-based Stress Reduction; MBCT: Mindfulness-based Cognitive Therapy; 配置は大まかなものであり，厳密な記述ではない。

（熊野 , 2012; 三田村 , 2017 を参考に筆者作成）

引用・参考文献

Beck, A. T., Rush, A., Shaw, B., & Emery, G. (1979). *Cognitive Therapy of Depression*. New York: The Guilford Press.

Hayes, S. C. (1994). Content, Context, and the Types of Psychological Acceptance. In S. C. Hayes, N. S. Jacobson, V. M. Follette, & M. J. Dougher (Eds.), *Acceptance and Change: Content and Context in Psychotherapy* (pp. 13-32). Context Press.

Hayes, S. C. (2004). Acceptance and commitment therapy, relational frame theory, and the third wave of behavioral and cognitive therapies. *Behavior Therapy, 35* (4), 639-665. https://doi.org/10.1016/S0005-7894 (04) 80013-3

Hayes, S. C., & Brownstein, A. J. (1986). Mentalism, behavior-behavior relations, and a behavior-analytic view of the purposes of science. *The Behavior Analyst, 9,* 175-190. https://doi.org/10.1007/BF03391944

Hayes, S. C., & Hayes, L. J. (1992). Some clinical implications of contextualistic behaviorism: The example of cognition. *Behavior Therapy, 23* (2), 225-249. https://doi.org/10.1016/S0005-7894 (05) 80383-1

Hayes, S. C., Sanford, B. T., & Chin, F. T. (2017). Carrying the baton: Evolution science and a contextual behavioral analysis of language and cognition. *Journal of Contextual Behavioral Science, 6* (3), 314-328. https://doi.org/10.1016/j.jcbs.2017.01.002

Hayes, S. C., Wilson, K. G., Gifford, E. V., Follette, V. M., & Strosahl, K. (1996). Experiential avoidance and behavioral disorders: A functional dimensional approach to diagnosis and treatment. *Journal of Consulting and Clinical Psychology, 64* (6), 1152–1168. https://doi.org/10.1037/0022-006X.64.6.1152

Hughes, S. (2018). The Philosophy of Science as it Applies to Clinical Psychology. In S. C. Hayes & S. G. Hofmann (Eds.), *Process-based CBT: The Science and Core Clinical Competencies of Cognitive Behavioral Therapy* (pp. 23-44). New Harbinger Publications.

Jacobson, N. S., Dobson, K. S., Truax, P. A., Addis, M. E., Koerner, K., Gollan, J. K., Gortner, E., & Prince, S. E. (1996). A component analysis of cognitive-behavioral treatment for depression. *Journal of Consulting and Clinical Psychology, 64* (2), 295–304. https://doi.org/10.1037/0022-006X.64.2.295

熊野 宏昭 (2012). 新世代の認知行動療法　日本評論社

熊野 宏昭・富田 望・嶋 大樹・川島 一朔 (2016). マインドフルネス系 CBT の理論と方法論　臨床心理学, *16* (4), 439-443.

Longmore, R. J., & Worrell, M. (2007). Do we need to challenge thoughts in cognitive behavior therapy? *Clinical Psychology Review, 27* (2), 173-187. https://doi.org/10.1016/j.cpr.2006.08.001

McCracken, L. M. (2022). What is Third Wave Behavior Therapy? In W. O'Donohue, & A. Masuda (Eds.), *Behavior Therapy: First, Second, and Third Waves* (pp. 127-149). Springer, Cham. https://doi.org/10.1007/978-3-031-11677-3_6

三田村 仰（2017）．はじめてまなぶ行動療法　金剛出版

Morris, E. K.（2022）. What is First-Wave Behavior Therapy? In W. O'Donohue, & A. Masuda（Eds.）, *Behavior Therapy: First, Second, and Third Waves*（pp. 83-107）. Springer, Cham. https://doi.org/10.1007/978-3-031-11677-3_4

武藤 崇（1999）．「セッティング事象」の概念分析 ―― 機能的文脈主義の観点から ――　心身障害学研究 , *23*, 133-146.

武藤 崇（2011）．機能的文脈主義とは何か　武藤 崇（編）ACT ハンドブック ―― 臨床行動分析によるマインドフルなアプローチ ――（pp. 3-18）　星和書店

O'Donohue, W., & Masuda, A.（2022）. The Three Waves of Cognitive Behavior Therapy: Scientific Aspirations and Scientific Status. In W. O'Donohue, & A. Masuda（Eds.）, *Behavior Therapy: First, Second, and Third Waves*（pp. 3-16）. Springer, Cham. https://doi.org/10.1007/978-3-031-11677-3_1

Ramnerö, J., & Törneke, N.（2008）. *The ABCs of Human Behavior: Behavioral Principles for the Practicing Clinician*. New Harbinger Publications.（ランメロ，J.・トールネケ，N.　松見 淳子（監修）武藤 崇・米山 直樹（監訳）（2009）．臨床行動分析の ABC　日本評論社）

Strunk, D. R., Whelan, M. L., & Bailey, B.（2022）. What is Second Wave Behavior Therapy. In W. O'Donohue, & A. Masuda（Eds.）, *Behavior Therapy: First, Second, and Third Waves*（pp. 109-126）. Springer, Cham. https://doi.org/10.1007/978-3-031-11677-3_5

Wegner, D. M.（1994）. Ironic processes of mental control. *Psychological Review, 101*（1）, 34–52. https://doi.org/10.1037/0033-295X.101.1.34

山本 竜也・坂井 誠（2019）．行動療法と行動理論　日本認知・行動療法学会（編）認知行動療法事典（pp. 8-11）丸善出版

第1部

行動療法の基礎理論

1 学習と行動

1.1 学習

序章で触れたとおり，行動療法の背景となる理論的基盤は**学習**です。学習は，心理学では主に学習心理学という分野で研究が行われています。本章では，行動療法の理解のために，まず学習について知るところから始めていきましょう。

ちなみに，みなさんは「学習」ということばを聞くとどんなイメージが浮かびますか？　たとえば，学校や塾での勉強などを思い浮かべる方が多いのではないでしょうか。あるいは，「何か失敗をしてしまって，次回はその失敗をしないようにする！」みたいな意味で学習というものを思い浮かべる方もいらっしゃるかもしれません。私たちが学習ということばを使うときは，こういった意味で使うことが多いかと思います。しかし，心理学で学習といった場合には，もう少し広い意味を持ちます。心理学では学習はこのように説明されます。

➡ 学習
経験によって生じる比較的永続的な行動の変化のこと。

たとえば，①英語の勉強をして英語が話せるようになった，②自転車に乗ることができるようなった，③留学を経験したことによって価値観が変わった，④犬に噛まれて以来，犬を見ると恐怖を感じるなど……これらは学習の定義にもれなく当てはまるので，心理学ではすべて学習といえます。

ここでさらに注目していただきたいのは，“学習は行動に影響を与える”ということです。

①英語を学べばりんごのことを「apple《あぽぉーぅ》」と言えるようになります。

②自転車の乗り方を体得すれば，自転車に乗ってラーメン屋さんにいけるようにもなります。

③引っ込み思案な人が海外留学をし，「コミュニケーションって大事で楽しい！」と考え方が変わって，おしゃべりになった！　なんてこともあるかもしれません。

④犬に噛まれたことをきっかけに，急に犬が怖くなって，犬を見ると逃げるようになってしまった！　ということだってあるでしょう。

ここからわかるのは，“学習が成立すると，それと同時に行動の変化が伴う”ということです。ですので，学習と行動というのは常にセットで考えることが重要です[＊1]。

なお，学習心理学では，学習の“プロセス”とその“結果”を扱います。したがって，（正確な言い方ではないとお断りさせていただいた上であえて申し上げると）“学習による行動の変化”のプロセスと結果を扱うのが学習心理学と言い換えてもいいかもしれません。学習と行動は切っても切れない関係なのです。

1.2　生得的行動と習得的行動

(1) 生得的行動と習得的行動とは

では，学習と仲良しな行動とはそもそもどのようなものなのでしょうか。そ

＊1　行動の変化が生じている場合，学習が原因でないこともあります。年齢を重ねることで，なにかができるようになったりできなくなったりといったような成熟や老化による行動の変化，疲れすぎて早く歩けないなどといった疲労による行動の変化，「お酒を飲んで超 HAPPY！！」などアルコールや薬物等の摂取による行動の変化などは，いずれも学習によるものではありません。これらは経験によるものでなかったり，永続的な変化でなかったりします。したがって，行動の変化があれば，そこには必ず学習があるかというとそうではありません。

れがよりスムースに理解できるように，まずはじめにいろいろな種類の行動を紹介していきたいと思います。最初は，生得的行動と習得的行動です。

行動のなかでも先天的要因（遺伝）によって形成されている行動，つまり生まれつき備わっている種々の行動を**生得的行動**といいます。生まれつき備わっているので，学習がなくても生起する行動です。一方，後天的要因，つまり，経験によって獲得される行動は**習得的行動**と呼ばれます。したがって，学習によって身についた行動はすべて習得的行動です。なお，たとえばヒトと魚のそれぞれが持っている生得的行動は数も種類も異なります。種によって生得的行動はさまざまです。一方，習得的行動はどんな経験を過去にしたかによってその数や種類が異なります。

生得的行動として，向性，本能的行動，刻印づけ（刷り込み）などがよく知られています。そして，行動療法，なかでもレスポンデント条件づけと深くかかわる有名な生得的行動が，**反射**（reflex）の一種である**無条件反射**です[＊2]。

➡反射

特定の刺激を呈示することによって，身体の一部の定型的な運動が誘発されること。

→その中でも生得的なものを無条件反射という。

代表的な無条件反射を表 1–1 に示しました。屈曲反射なんかは誰もが経験したことのある無条件反射ではないでしょうか。ファミリーレストランで鉄板にのった熱々のハンバーグがテーブルにやってきました。夢中でそれを食べています。あまりに食べることに夢中になって，うっかり鉄板に手が触れてしまいました。その瞬間，意識することなくバッと手を引っ込めました……こんな経験はありませんか？　つまり，手に熱々の鉄板という特定の刺激が呈示されることによって，誰もが手を引っ込めるという同じ行動（身体の一部の定型的な運動）が誘発されます。人によって熱い鉄板を触ると舌が出ちゃうなんてことはなく，みんな同じ行動をします。このような生得的行動を無条件反射とい

＊2　反射には無条件反射だけでなく，習得的行動である条件反射があります。その違いについては第 3 章で詳しく説明します。

表 1-1　ヒトの無条件反射の例

反射の種類	刺激	反応
眼瞼反射	強い光，ほこりなど	まばたき
驚愕反射	大きい音など	驚き
定位反射	音や光など	刺激に注目する
瞳孔反射	明るさの変化	瞳孔の大きさの変化
屈曲反射	手足への侵害刺激	手足の引っ込め
膝蓋腱反射	ひざ下への打撃	蹴る運動
唾液反射	口腔内への食物，酸	唾液分泌
排尿反射	膀胱圧	排尿
把握反射*	手のひらへの刺激	握る
モロー反射*	大きな音，強い光など	両手を上げ抱きつく
吸啜反射*	唇や頬への刺激	唇や舌で吸いつく
バビンスキー反射*	足裏の外側への摩擦刺激	足親指の背屈など

※「*」がついているものは乳児期にのみに見られる無条件反射　（実森・中島，2019 を一部改変）

います。

無条件反射の多くは進化のなかで淘汰されずに残った生得的な反応で，基本的に生存に有利な反応が残っていると考えられています*3。裏を返せば，大昔の人類はもっとたくさんの無条件反射を持っていたのかもしれませんね。

(2) レスポンデント行動とオペラント行動

次は Skinner, B. F. によって整理されたレスポンデント行動とオペラント行動です。Skinner は行動をこの 2 つに区分しました。

➡ レスポンデント行動
特定の刺激によって誘発される行動。
➡ オペラント行動
行動の直後の環境の変化によって頻度や強度が変化する自発的行動。

＊3　この話題に関連するのですが，そもそもヒトを含めた動物はなぜ学習をするでしょうか？　その大きな理由のひとつは“生存確率を上げるため”（死なないため，生き残るため）というのがあります。そのような観点を頭に入れた上で学習のさまざまな理論を学んでいくと，学習に対する理解がぐっと深まり，わかりやすくなるでしょう。

まず，**レスポンデント行動**とは，特定の刺激によって誘発される行動です。行動の直前の環境の変化（特定の刺激の呈示）によって，必然的に生じる行動のことです。熱いものに触ると自動的に手を引っ込めるという先ほどの行動がまさしくこれであり，無条件反射はレスポンデント行動に分類されます。

一方，**オペラント行動**とは，特定の誘発刺激を持たない自発的行動です。行動の直後の環境の変化（行動した後の結果）によって，頻度や強度が変化する行動をいいます。厳密な言い方ではありませんが，話す，食べる，走るなど，「行動」といわれたときにぱっと思いつくものは，だいたいオペラント行動でしょう。

基本的には，レスポンデント行動はレスポンデント条件づけに関わっており，オペラント行動はオペラント条件づけに関わっています[*4]。

1.3　行動療法における行動

(1) 行動の定義

ここまでいろいろな行動について見てきました。「行動っていってもいろいろな種類の行動があるなぁ」と感じていただけたのではないでしょうか。そうなのです。行動といっても本当にさまざまなんですね。では，結局のところ，行動療法では**行動**（behavior）をどのようにとらえているのでしょうか。それがこちらです。どうぞ！

> **➡行動**
> 生活体が行うすべてのこと。

そっけなくて「えぇ!?　あっ……?!」と思われるかもしれませんが，行動とはこれです！　つまり，“ヒトや動物などの個体（生活体）が環境との相互作用のなかで行うことはすべて行動”としてとらえます[*5]。歩くとか書くなどの

＊4　もちろん例外もあります。また，そもそもレスポンデント行動とオペラント行動を分けてとらえるべきかということについても議論があるようです。

行為も当然行動ですが，この定義に従うと，それだけでなく「何かを考える」，「何かを感じる」といったこともすべて行動になります。ちょっと変な言い方になってしまいますが，“ある環境の中（刺激下）で生じたあらゆる反応はすべて行動”としてとらえるのです＊6。したがって，“認知，感情，行為，身体反応はすべて行動”になります（なお，ここでいう「行為」が，日常的に使用する意味での「行動」と最も近いでしょう）。

この行動の定義を見ると，私たちが生活の中で使う「行動」ということばの意味よりはるかに広い概念であるということがおわかりいただけると思います。

(2) 顕在的行動と内潜的行動

行動は，一般に「行動」といわれる行為だけでなく，認知（思考など）や感情（情動など），身体反応（身体感覚など）も含まれると説明しました。そのような前提で，行動療法では行動を２つに分類しています。それが，顕在的行動と内潜的行動です。

➡ **顕在的行動**
他人によって観察できる行動。
➡ **内潜的行動**
自己の内部で生じている行動。

顕在的行動とは，外から観察できる行動のことです。たとえば河原で歌っている人がいました。他人がそれを観察して，あの人は“歌う”という行動をしているなとはっきりわかります。このように他者から観察できるような行動が顕在的行動です。日常的な意味での「行動」はこの顕在的行動にあたります（＝行為）。

一方，自分の身体の中で起こっていることも行動に含まれます。これは外か

＊5　本章での行動の定義や説明は，主として行動分析学に立脚した考え方にのっとっています。心理学でも行動のとらえ方はさまざまで，分野や流派によって違いがありますので，この定義が絶対的なものではありません。

＊6　厳密に言うと，反応（response）と行動は意味的に区別する場合もあるのですが，基本的には反応≒行動です。そのため，この文はややトートロジーになっているちょっと変な言い方ではあります。

ら観察することはできません。たとえばある人が「夜ごはん，何を食べようかなぁ」と一生懸命考えていたとします。他者がその人を観察しても，まさか今その人のなかでそんなことが生じているなんてわかりません。でも，確かにその人のなかでは「夜ごはんについて考える」ということが起きています。先ほど説明したとおり，“考える”ことももちろん行動です。“感じる”などもそうです。こういった他者からは観察できない自己の内部で生じている行動を**内潜的行動**といいます。**私的出来事**，私的事象などとも呼ばれます。

行動療法では，顕在的行動も内潜的行動も両者とも立派な行動です。どちらも行動として同じように扱っていきます。

(3) 行動の基準

それでは，行動療法ではどんなものが行動とされるのでしょうか。今度はその基準を学んでいきましょう。基準はとてもシンプルです。

➡行動の基準
行動とは死人にはできないこと。

「……おぅあぁえぇ！？」という感じですね。たいへんインパクトのあるというか度肝を抜かれる基準ですよね（「死人」に抵抗があれば「人形」と読み替えてください）。死人にはできない活動が行動ということです。逆に言えば，“死人にもできてしまうことは行動とは認められない”ということになります。行動かどうかを考える際にはこの基準をクリアする表現になっていれば，ちゃんと行動だと思っていただいて大丈夫です。

なお，この死人にできるか / できないかを考えて，行動であるか / ないかを判断することを**死人テスト**と呼びます[*7]。たとえば，話す（行為），将来について考える（認知），喜びを感じる（感情），恐怖で身体が震える（身体反応）などはすべて死人にはできません。死人テストをクリアしますので，これらは

＊7　これは1960年代に，Lindsley, O. によって考え出されたとされています。

すべて行動として認められます。

さて，死人にもできてしまうことは行動とみなすことはできないと説明しました。これに関連して，例をあげながらもう少し補足をしておくと，「〜される」（受動態）や「〜しない」（否定形）は行動の記述としては不適切になります。たとえば「触“られる”」や「会社に行か“ない”」は死人もできてしまいます。また，「〜している」のように状態や継続を表しているようなものも行動の記述としてふさわしくありません。行動療法では，基本的にある瞬間に生じた行動を分析するので，「〜している」だと行動が不明確で，うまく分析することができません。たとえば「電話を“している”」だと，電話をしている間のさまざまな行動が含まれてしまいます。電話をしている最中には，「もしもし」と発言する行動もあれば，「なんでそんなこと言うの！」と激怒したという行動もあるでしょう。複数の行動が入ってしまうので，行動の記述としては避けることが望まれます＊8。

しかし，ちょっと工夫をすることで死人テストをクリアすることができる場合があります。ひとつ例を示しましょう。**回避行動**といわれる，何かを避ける行動があります。回避行動は臨床的によく問題となる有名な行動です。たとえば「会社に行かない」というのを取りあげてみます。「会社に行かない」は否定形なので，これでは死人テストをクリアできません。しかし，「会社に行くことを避ける」とするとどうでしょうか。これは死人にはできませんので，死人テストをクリアして行動と認められます。このように記述を少し工夫すれば行動として扱えるようになることがあります。そうすると，その行動に対して行動療法の枠組みで取り扱うことが可能になります。場合によっては何か工夫をして，行動として記述できるようにすることが必要です。

また，奥田（2012）はこの基準に加え，「行動はなるべく具体的でなければならない」としています。たとえば，「運動する」といった場合，みなさんはどんな行動を想像しますか？　腕立て伏せを想像する方もいらっしゃるでしょうし，サッカーをしていたり，ボールを投げていたりするところを想像するかもしれません。あるいは体操選手がバック宙をしているところを思い浮かべる人もい

＊8　ただし，一部は反応連鎖（行動連鎖）で説明することが可能です。詳しくは第 4 章をご覧ください。

るでしょう。しかし，これは困ったことです。「運動する」と表現してしまうと，人によってとらえ方がばらばらになってしまいます。つまり，どんな行動なのかがはっきりわからなくなってしまうのです。では一方で，「腕立て伏せをする」としたらどうでしょうか。多少の違いはあるかもしれませんが，誰もがだいたい同じ行動をイメージします。これが“具体的”ということです。その行動の表現を見た・聞いたときに具体的にその行動がイメージできるようになっていれば，「行動として OK！」ということです。

きちんと行動として認められるかどうかについては，死人テストを軸として，具体的であるかどうかも考慮すると間違いないでしょう。

なぜこんなにも厳密に行動を考えなくてはならないのでしょうか。きちんと学問として研究をしていくため……など，理由はひとつではありませんが，行動療法に寄せるのであれば，厳密に行動をとらえておかないとそもそも行動療法ができないからです。介入に失敗します。

たとえば行動療法を用いて行動変容をめざすときは，問題となっている行動を同定し，原則，適応的な行動を増やしていく方向で介入をしていきます（第7章以降で詳しく解説します）。ですので，問題となる行動のとらえ方が大雑把であいまいだと，そもそもどの行動に焦点を当てればいいのかぼやけます。さらに目標となる行動を「～しない」など不適切な記述にしてしまうと，いったいどんな行動を増やしていけばいいかがこれも不明確になってしまいます。この時点ですべてが大雑把でゆるゆるになってしまうので，もちろん効果的な介入は期待できません。死人テストをクリアし，かつ具体的な形で厳密に行動をとらえることによって初めて，より精度の高い介入につながっていくのです。

ちなみに，これに関連してさらっと大事なことを書いちゃいますが，“行動療法では「～する」という形で目標行動を設定することが鉄則です”。これは絶対に覚えておいてください。

1.4 まとめ

本章では行動療法の理論的基盤となる「学習とはどんなものか？」そしてそれと密接に関わる「行動とはなにか？」ということについて詳しく学んできま

した。行動療法において「行動」とはどんなものなのかを丁寧におさえることは，行動療法をきちんと理解していくために，まずとても重要です。そういう意味では，ここが旅の出発地点です。ときおり，この出発地を思い出しながら，この後の旅路を“一緒に”ゆっくり進んでいきましょう。

（松野航大・原真太郎・嶋大樹）

引用・参考文献

Cooper, J. O., Heron, T. E., & Heward, W. L.（2007）. *Applied Behavior Analysis*（2nd ed.）. Pearson Education.（クーパー，J. O.・ヘロン，T. E.・ヒューワード，W. L.　中野 良顯（訳）（2013）. 応用行動分析学　明石書店）

実森 正子・中島 定彦（2019）. 学習の心理　第 2 版 —— 行動のメカニズムを探る ——　サイエンス社

Mazur, J. E.（2006）. *Learning and Behavior*（6th ed.）. Pearson Education.（メイザー，J. E.　磯 博行・坂上 貴之・川合 伸幸（訳）（2008）. メイザーの学習と行動　日本語版　第 3 版　二瓶社）

奥田 健次（2012）. メリットの法則 —— 行動分析学・実践編 ——　集英社

杉山 尚子・島宗 理・佐藤 方哉・マロット，R. W.・マロット，M. E.（2023）. 行動分析学入門　第 2 版　産業図書

2 馴化と鋭敏化

2.1 馴化

(1) 馴化とは

ある休日の昼下がり，あなたは自宅のソファーで寝転びながら，枕サイズほどのポテトチップスと，ボーリングのピンのようなコーラをお供に，映画を観ています。外も静かで，あなたはのんびりと休日を満喫しています。

すると突然，外から「ドーン！！」という大きな音がしました。映画に夢中になっていたあなたは驚いてソファーから転げ落ちて，心臓がバクバクと早く拍動していると感じました（驚愕反応）。窓から外を見てみると，どうやら近くで道路工事をしているようです。気を取り直して映画鑑賞を再開すると，また「ドーン！！」という大きな音がしました。その音はその後何度も続きました。しばらく経つと，あなたはその音に驚くこともなくなり，映画の世界にのめりこんでいきました。

みなさんは，「ドーン！！」という大きい音など，思わず驚いてしまうような刺激であったとしても，その刺激が何回も繰り返されれば驚きはなくなり，もはや気にならなくなったという経験をしたことはありませんか（図 2-1）。ヒトや動物では，同じ刺激に何回も出くわすとその刺激に対して次第に馴れて，やがては反応が減弱したり消失したりする現象が見られます。これを「馴化《じゅんか》」といいます。

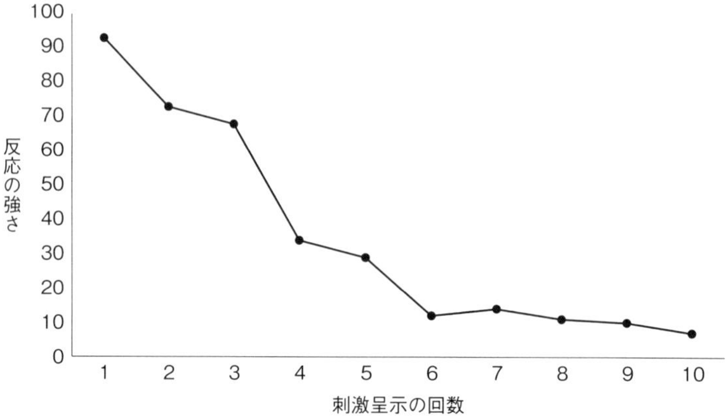

図 2-1　**馴化のイメージ（例）**

➡馴化
ある刺激が繰り返し呈示されると，その刺激によって生じる生得的反応が減弱したり消失したりすること。

馴化は，ある刺激を何度も呈示されるという経験によって反応の変化が生じるということから，学習のひとつであるといえます。

(2) 刺激特異性

馴化は，繰り返される刺激が同じでないと生じない現象です。上記の例でいえば，道路工事で「ドーン！」という大きな音が繰り返し発生して馴化が生じたとしても，自動車のクラクションの音が鳴れば驚愕反応を示すことになります。つまり，ある刺激に対してだけ馴化が生じ，別の刺激には馴化が生じません。このように馴化は繰り返される刺激のみに生じるのです。このことを**刺激特異性**といいます[*1]。

＊1　刺激特異性は「**刺激特定性**」ともいいます。

2.2 馴化の特性

(1) 馴化の特性分類

Thompson & Spencer (1966) は，馴化の特性を9つに分類しました（表2-1）。この馴化の特性分類は，馴化そのものの特徴について理解する上で重要です。ここで分類されている馴化の特性は，ヒトや動物が刺激をどのようにとらえているのかということについても，たくさんのことを教えてくれます。ここからは9つのなかで特に行動療法に関連するものを見ていきましょう。

(2) 自発的回復

花火大会で打ち上げ花火の1発目の音に驚いても，しばらくすると音に驚くことはなくなり，のんびりと花火を鑑賞することができます。しかし，翌日，また打ち上げ花火の音を聞くと私たちは再度驚いてしまいます。このように刺激の呈示を繰り返すことで馴化が生じたとしても，その後刺激を呈示せず，しばらく時間が経過してから再び同様の刺激を呈示すると反応が増大する特性があります。この特性のことを**自発的回復**といいます。なお，最後に刺激が呈示されてから次の刺激が呈示されるまでの時間が長いほうが，自発的回復は大きくなる傾向にあります。最後の打ち上げ花火の音が呈示されてから，3時間後に打ち上げ花火の音を聞いたときの驚きよりも，24時間後に打ち上げ花火の音を聞いたときの驚きのほうが大きいということです。

表2-1　**馴化の特性分類**

1. 刺激を繰り返し呈示すると，反応が減弱する（馴化）
2. 刺激の呈示を中止すると，時間とともに反応が回復する（自発的回復）
3. 馴化と自発的回復を繰り返すと，より早く馴化が生じる（馴化の増強）
4. 刺激の呈示頻度が急速であると，より早く馴化が生じる
5. 刺激が弱いと，より早く馴化が生じる
6. 馴化が十分に生じた後でも，刺激呈示の効果は続く（零以下の馴化）
7. 馴化をもたらした刺激と類似する刺激にも馴化が見られる（刺激般化）
8. 別の刺激を呈示すると，馴化された反応が回復する（脱馴化）
9. 脱馴化をもたらす刺激呈示を繰り返すと，脱馴化の程度が馴化する（脱馴化の馴化）

（Thompson & Spencer, 1966を参考に筆者作成）

(3) 馴化の増強

刺激の呈示を繰り返すことで馴化が生じ，その後しばらく刺激を呈示しない期間を設けてから再び刺激を呈示すると，自発的回復が生じます。こうした馴化と自発的回復の手続きを繰り返すと，次の馴化が生じるまでの刺激呈示の回数が少なくなります。これを**馴化の増強**といいます。たとえば，打ち上げ花火の音を初めて聞いたときには 15 発の花火の音で驚愕反応がほぼなくなったとします。その後，打ち上げ花火の音で馴化と自発的回復を繰り返すと，2 ～ 3 発の花火ですぐに馴化して驚愕反応がほぼなくなるのです。

(4) 刺激の呈示間隔と刺激強度

刺激の呈示頻度が急速で，刺激の呈示とその次の刺激の呈示の間隔が短い，つまり，ばんばんばんばん刺激が呈示されると，馴化が早く生じます。打ち上げ花火の音も「ドーン！…（しばらく間）…ドーン！……」よりも「ドーン！ ドーン！　ドーン！　ドーン!」のほうが馴化が早くなります。

また，呈示される刺激が弱ければ弱いほど馴化が早く生じます。「ドーン!!（ボリューム 100)」よりも「パーン！ ぱらぱら～（ボリューム 50)」の花火のほうが，馴化が早く生じます（文字だと伝わりにくいので，みなさんの想像力に託します)。なお，呈示される刺激があまりに強い場合は，馴化が生じないことがあります。これは「鋭敏化」のところで詳しく説明します。

(5) 刺激般化

先述のとおり，馴化は刺激特異性という特性を有しています。しかしながら，馴化をもたらした刺激とまったく同じ刺激でないと馴化が生じないかというと，そうとは限りません。たとえば，背後で鳴らされたメーカー A のシンバルの音に馴化した後に，最初のシンバルとは異なるメーカー B のシンバルを鳴らされても，メーカー A の馴化の影響が波及して，メーカー B のシンバルの音に対する反応はある程度減弱される可能性が高いでしょう。このことは，シンバルを製造しているメーカーが異なっていたとしてもそれぞれのシンバルの音がある程度類似していることに起因します。このように馴化をもたらした刺激と類似した刺激にも，ある程度馴化が見られることを**刺激般化**といいます。

2.3 鋭敏化

(1) 鋭敏化とは

どんな場合にも馴化が生じるのでしょうか？ 答えはNOです。先ほど，刺激が弱いと，より早く馴化が生じるということを学びました。一方で，あまりにも強い刺激が繰り返し呈示されると，反応が減弱するどころか増強されることがあります。こうした現象を**鋭敏化**といいます。

➡鋭敏化
ある刺激が繰り返し呈示されると，その刺激によって生じる反応が増強すること。

大きな地震があると，その後も余震などで何度も何度も揺れを経験します。それはとても大きな恐怖です。もし馴化するのであれば，揺れにどんどん慣れて気にならなくなっていくはずです。しかし，そうはなりません。私たちはむしろ小さな揺れに「地震かな？」と感じてドキドキしたり，風で家が揺れただけなのに「びくっ」としたりと，揺れにどんどん敏感になって，恐怖が強くなっていきます。このように生命に関わるような，とても強い刺激が呈示された場合，反応が減弱していくのではなく，増強されていくことがあります。これが鋭敏化です。

また，鋭敏化は馴化の特性である刺激特異性がありません[*2]。工事で「ドカン！」というかなり大きな音が繰り返し発生して驚愕反応が増強した後に（鋭敏化した後に），背後からふと「ねぇ」という声をかけられただけでものすごく驚いてしまいます。もし刺激特異性が鋭敏化にもあるのであれば，「ドカン！」という音刺激に限定して鋭敏化が生じるはずです。声かけにすごく驚くことはないはずです。ところが，鋭敏化には刺激特定性がないので，「ドカン！」という音だけに鋭敏化するのではなく，そのときに与えられた新しい

＊2 鋭敏化には刺激特異性がないことなどの複数の理由から，鋭敏化を学習としては扱わないという見方もあるようです。

「ねぇ」という音刺激にも大きく反応してしまうのです。

しかし，ここでひとつ疑問が残ります。刺激の繰り返し呈示によって馴化が生じる場合と鋭敏化が生じる場合の違いはどのように説明されるのでしょうか。

(2) 二重過程モデル

馴化と鋭敏化のメカニズムを説明するものとして，**二重過程モデル**が提唱されています（Groves & Thompson, 1970）。このモデルでは，繰り返し呈示される刺激に対して反応を減弱させようとする減弱過程（馴化）と，繰り返し呈示される刺激に対して反応を増強させようとする増強過程（鋭敏化）が仮定されています。つまり，刺激が繰り返し呈示されたときには，実は馴化と鋭敏化の両方が生じていて，その刺激に対する反応の増減は，減弱過程が優勢かあるいか増強過程が優勢か，言い換えると，馴化のパワーが強いか鋭敏化のパワーが強いかによって，馴化か鋭敏化かが決まるというモデルです。なお，刺激が弱いと減弱過程が優勢になり，刺激が強いと増強過程が優勢になる傾向があります。

図 2-2 をご覧ください。上の一点鎖線が増強過程を示し，下の破線が減弱過程を示しています。その２つが合成されたものが真ん中の実線で示されています。左の図は，減弱過程を示す下の線が大きく下がっています。実線を見ると，その影響で減弱過程（馴化）が強くなっていることがわかります。一方，右

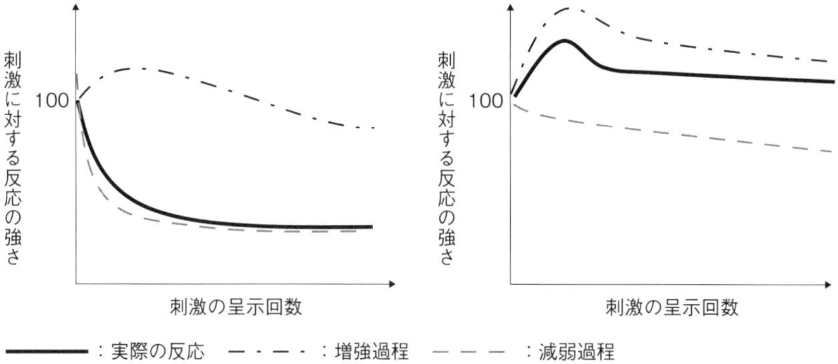

図 2-2　**二重過程モデル**（Groves & Thompson, 1970 を参考に筆者作成）
左のように減弱過程が優勢であれば馴化が生じ，右のように増強過程が優勢であれば鋭敏化が生じる

の図は，減弱過程を示す下の線はほぼ横ばいですが，増強過程を示す上の線がかなり高い位置にあります。実線を見ると，その影響で増強過程（鋭敏化）が強くなっていることがわかります。

二重過程モデルでは，このように馴化と鋭敏化は同時に働いていて，それが合成された結果によって馴化と鋭敏化が決まってくるととらえます。つまり，減弱過程と増強過程とが独立しながら働いた結果が組み入れられるというメカニズムが想定されているのです。

また，初期は鋭敏化が生じやすいという特徴もあります。右の図だと初期により強く鋭敏化が現れています。この図ではその後も鋭敏化が続いていますが，場合によっては鋭敏化後に馴化が生じることなどもあります。刺激の種類や強度によってさまざまな様相を示すのです[＊3]。

（原真太郎・松野航大・嶋大樹）

引用・参考文献

Groves, P. M., & Thompson, R. F.（1970）. Habituation: A dual-process theory. *Psychological Review, 77*（5）, 419–450. https://doi.org/10.1037/h0029810

Harris, J. D.（1943）. Habituatory response decrement in the intact organism. *Psychological Bulletin, 40*（6）, 385–422. https://doi.org/10.1037/h0053918

実森 正子・中島 定彦（2000）. 学習の心理 第 2 版 ―― 行動のメカニズムを探る ―― サイエンス社

Mazur, J. E.（2006）. *Learning and Behavior*（6th ed）. Pearson Education.（メイザー，J. E. 磯 博行・坂上 貴之・川合 伸幸（訳）（2008）. メイザーの学習と行動 日本語版 第 3 版 二瓶社）

澤 幸祐（編）（2022）. 手を動かしながら学ぶ学習心理学 朝倉書店

Thompson, R. F., & Spencer, W. A.（1966）. Habituation: A model phenomenon for the study of neuronal substrates of behavior. *Psychological Review, 73*（1）, 16–43. https://doi.org/10.1037/h0022681

＊3 二重過程モデルについてさらに詳しく知りたい方は，実森・中島（2000）や澤（2022）などの学習心理学のテキストをご参照ください。

3 レスポンデント条件づけ

3.1 レスポンデント条件づけの基礎

(1) レスポンデント条件づけ

特定の刺激によって誘発される行動を Skinner, B. F. は**レスポンデント行動**と名づけました。**レスポンデント条件**づけは主にこのレスポンデント行動に関わる学習です。

突然ですが，みなさま！　梅干しの画像を検索して，いくつかの画像をゆっくり観察してみてください。また，もし自宅に梅干しがあれば，本物の梅干しをじっくりと観察してみてください……どうでしょうか？　ちょっと口の中がじわぁ～っとした感じになりませんか？

これはレスポンデント条件づけの非常にわかりやすい例です。私たちは梅干しを見ただけで唾液がじわ～っとでてきます。実際に口の中に梅干しを入れていないのにもかかわらず唾液が出てきます。これは過去に，レスポンデント条件づけという学習が梅干しでなされていたために生じる現象です[*1]。

ヒトは口の中に酸という刺激が呈示されると（口に酸っぱいものが入ると），唾液が分泌されます。これは第1章で学んだ唾液反射といわれる無条件反射です。そして梅干しを食べるときは，必ず梅干しを見ながら梅干しを口へ運びま

＊1　したがって，この学習がされていない，つまり梅干しを食べた経験がない人には梅干しを見ただけではこの唾液分泌は生じません（もし今回梅干しで唾液分泌が生じなかったら，食経験のある，なおかつよだれがたくさん出そうな他の食べ物で試してみてください）。

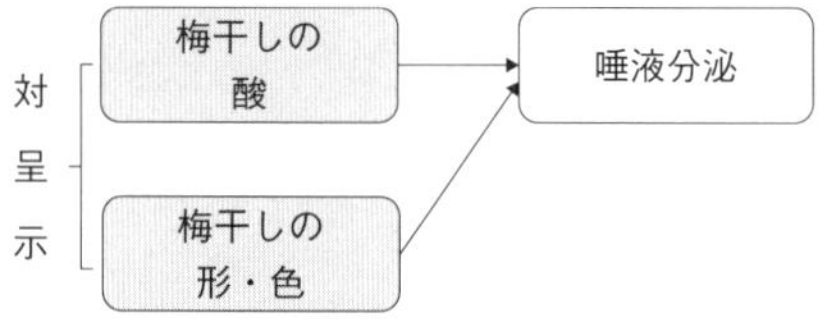

図3-1　レスポンデント条件づけの例

す。つまり，口の中に酸という刺激が呈示されると同時に，梅干しの形や色（見た目）という刺激が一緒に呈示されることになります。なお，“梅干しの酸”と“梅干しの形や色”というように，2つの刺激が同時に呈示されることを**対呈示**といいます。この対呈示の手続きが何度か繰り返されることによって[*2]，梅干しを口に入れずとも，梅干しの形・色を見ただけで（梅干しの見た目という視覚刺激の呈示のみで），唾液が出るようになります（図3-1）。対呈示という経験によってレスポンデント行動が変化していますので，これはもちろん学習です。このような学習を**レスポンデント条件づけ**といいます。ロシアの生理学者 Pavlov, I. P. によって発見され，研究が展開されました[*3]。

(2) 無条件反射と条件反射

ここからは梅干しを例にして，レスポンデント条件づけの理解を深めていきましょう。まず，梅干しの酸という刺激に対して，唾液分泌という反応が生じています。これは**無条件反射**と呼ばれるものでした。この無条件反射において，梅干しの酸という刺激は**無条件刺激**（unconditioned stimulus：US）と呼ばれます。対して，唾液分泌という反応は**無条件反応**（unconditioned response：UR）と呼ばれます。つまり，ここでの無条件反射は，「梅干しという無条件刺激に対する無条件反応として唾液分泌が誘発される」と記述することができま

＊2　健康や生命にかかわる可能性が高いものについては，1回や少ない回数の対呈示でレスポンデント条件づけが成立することがあります。たとえば，なにか悪いものを食べて当たってしまい，それ以来その食べ物が食べられなくなった……。これは「味覚嫌悪条件づけ」などといわれ，レスポンデント条件づけから説明が可能です。このような場合は1度の経験でレスポンデント条件づけが成立することもあります。

＊3　現在「レスポンデント条件づけ」といわれるこの学習について，Pavlov 自身は，条件反射学として研究を始めました。レスポンデント条件づけは後年 Skinner が命名した用語で，「パブロフ型条件づけ」とも呼ばれます。学習心理学では「古典的条件づけ」という言い方がされることが多い印象です。言い方の違いはあれど，内容としては基本的にどれも同じことを意味しています。

す。

梅干しの酸と梅干しの形・色を対呈示すると，梅干しの形・色を見ただけで，唾液が出るようになります。このとき，梅干しの形・色という刺激は**条件刺激**（conditioned stimulus：CS）と呼ばれます。一方，梅干しの形・色によって誘発された唾液分泌という反応は**条件反応**（conditioned response：CR）と呼ばれます[*4]。このように，「梅干しの形・色という条件刺激によって，唾液分泌という条件反応が生じる」ことを，無条件反射に対して，**条件反射**といいます。

なお，梅干しの酸と対呈示される前に，梅干しの形・色をいくら観察しても唾液は出てきません。対呈示されることによって初めて唾液分泌が生じるようになります。このように，対呈示される前の，条件反応を引き起こさない梅干しの形・色（＝唾液分泌を引き起こすという機能を持つ前の梅干しの形・色）は**中性刺激**（neutral stimulus：NS）と呼ばれます。

つまり，梅干しの酸という無条件刺激と梅干しの形・色という中性刺激が対呈示されることによって，梅干しの形・色という中性刺激が唾液分泌を引き起こす条件刺激に変化しているのです。

ここまでの話をふまえて，レスポンデント条件づけについて簡単にまとめておきます。図 3–2 を見ながらひとつひとつのことばをゆっくり確認してみてください。

➡ レスポンデント条件づけ

無条件刺激によって無条件反応が誘発される無条件反射があるときに，無条件刺激と中性刺激を対呈示することで，中性刺激が条件反応を誘発する条件刺激に変化し，条件反射が獲得されるという学習。

＊4　無条件反応と条件反応の区別がややわかりにくいかもしれません。まず前提として，ここの例でいえば“唾液分泌”という反応（現象）は無条件反応でも条件反応でも同じです。さて，じゃぁ違いは？　簡単です！“無条件刺激”によって誘発された場合の唾液分泌は無条件反応といい，“条件刺激”によって誘発された場合の唾液分泌は条件反応というのです。なので，「唾液分泌という引き起こされる現象自体は同じ！　その唾液分泌という反応が誘発される刺激の違いによって，反応の呼び方が変わる！」と理解しておきましょう。

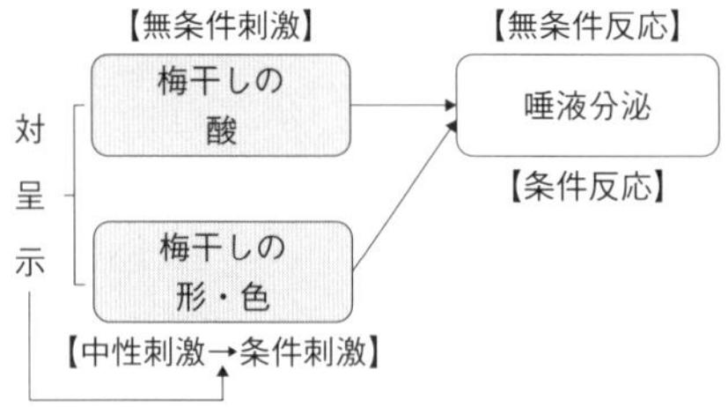

図3-2　**無条件反射と条件反射**

(3) 消去と自発的回復

さて，私たちはレスポンデント条件づけによって，梅干しの形・色を見るだけで唾液が出るように学習されてしまっているわけですが，今一度，梅干しの形・色を見ても唾液が出ないように戻るためにはどうしたらいいのでしょうか？　方法としてはシンプルです。梅干しの形・色だけを何度も何度も見れば，だんだんと唾液は出なくなります。ただし，その途中で1回でも梅干し（酸）を口に入れてはいけません[*5]。つまり，無条件刺激を呈示せず，“条件刺激だけ”を繰り返し呈示するのです。その結果，反応が弱くなったり消えたりします。これを**消去**といいます[*6]。

梅干しの形・色を何回も何回も繰り返し見て，やっと唾液が出なくなりました。つまり消去ができました。その日は安心して眠りました。しかし翌朝，梅干しを見たら，また唾液が出てきました……。そうなのです。消去を行ってもしばらく経つと，また条件刺激に誘発されて条件反応がでてくるのです。これを**自発的回復**といいます（図3-3）。なお，自発的回復は，消去を繰り返し行えばだんだんと小さくなっていきます。逆に言えば，しっかりと消去をしたい場合は，何度も何度も根気強く消去手続きを繰り返さなければならないということです[*7]。

＊5　消去訓練をしている最中に，無条件刺激と条件刺激を対呈示してしまうと，以前よりも強固に学習されてしまい，その後，消去をするのが難しくなります。

＊6　なお，時間の経過は条件反応の強度にはほとんど影響しません。梅干しを1年間，一切口にしなかったとしても，また梅干しの形・色を見ると唾液が出てきます。なので，レスポンデント条件づけで不適応的な学習がされてしまった場合も同様に，基本的に時間がそれを解決してはくれないのです。

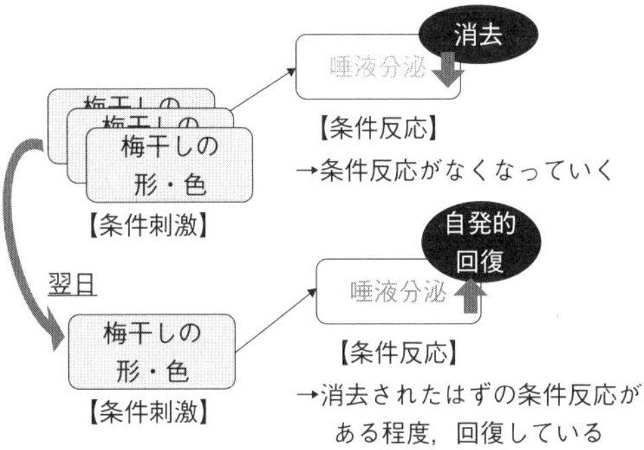

図 3-3　**消去と自発的回復**

(4) 拮抗条件づけ

消去を用いると条件反応を弱くしたり消したりできることを学びました。ただ，自発的回復が生じるので，それにはだいぶ時間と労力がかかりそうです。もっと早く条件反応を小さくする方法はないのか？　そんなときに登場するのが**拮抗条件づけ**です。拮抗条件づけでは，条件反応と競合するような別の反応を条件刺激に新たに条件づけることによって，条件反応をより早くより小さくしていきます。

図 3-4 をご覧ください。まず左上からいきましょう。身体に苦痛を与える電撃という侵害刺激が呈示されると，恐怖が誘発されます（無条件反射）。そのときに電撃と音が対呈示されると，その後，その音を聴いただけでも恐怖が生じるようになります（条件反射）。これは普通のレスポンデント条件づけです。こうなったときに音が誘発する恐怖をより早くより小さくするために，拮抗条件づけを用います。つまり，音によって誘発される“恐怖”と競合するような（両立できない），おいしいエサという新規刺激で誘発される“快”という反応

＊7　消去という名前がついていますが，実際には一度学習されたものが消え去ったというわけではなく，最近では新しい学習が上書きされているという考え方が出てきています。思考は関係していないため以下は不正確な言い方になりますが，イメージとしては「この前，唾液を誘発する梅干しの酸が梅干しの形・色と対呈示されてレスポンデント条件づけで学習しちゃったけど（元の学習），この梅干しの形・色（条件刺激）には唾液（条件反応）を出さなくていい！（上書きされる学習）」と元々の学習に上書きをしているという感じです。そうすると，自発的回復についても理解しやすくなります。つまり，「消去で元々の学習がきれいさっぱり無くなったわけではなく，学習自体は残っているから自発的回復が生じる」と説明することができるのです。逆に言えば，もし学習が本当に消去されて無くなっていたら，自発的回復が生じる理由が説明できなくなってしまいます。

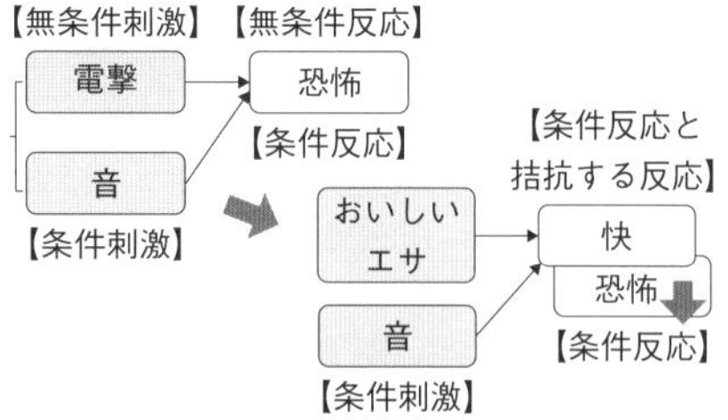

図 3-4　**拮抗条件づけ**

を，音と条件づけるのです。そうすると，音が誘発する恐怖という反応がより早く小さくなっていくのです。この拮抗条件づけは，この後詳しく説明する系統的脱感作という行動療法の技法として応用されていきます。

3.2　レスポンデント条件づけを応用した行動療法

(1) 限局性恐怖症の架空事例

ある日，隣の家の犬と遊んでいたら，がぶりと噛まれてしまい，怪我をしてしまった。その日以来，犬の写真や映像を見るだけでも，恐怖感がわいてくるようになってしまい，恐くて犬をさわれなくなってしまった……。

これは，犬が恐怖の対象となっている**限局性恐怖症**の事例になります。限局性恐怖症とは特定の対象や状況に恐怖や不安を感じ，それによって生活に困難をもたらすような精神疾患です。実はこの事例，レスポンデント条件づけから理解することが可能です。

(2) レスポンデント条件づけからの理解

犬に噛まれるなどの健康や生命を脅かすような危険な出来事があると，強い恐怖を感じます（無条件反射）。そして犬に噛まれたとき，たいてい犬の姿が目に入っています。つまりこのとき，噛まれるという侵害刺激（無条件刺激）と犬の姿（中性刺激）とが対呈示されことで，レスポンデント条件づけが成立し

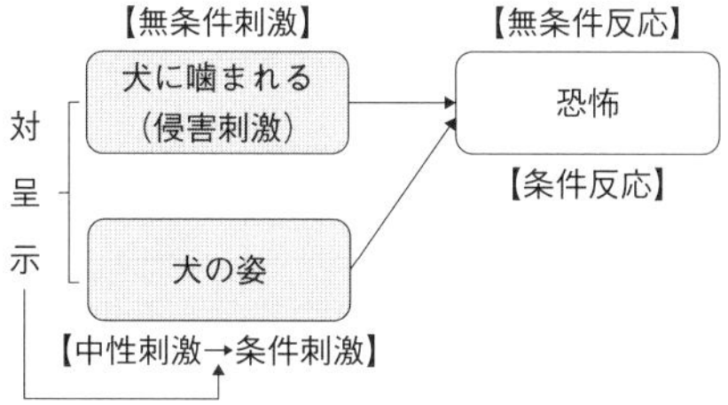

図 3–5　**限局性恐怖症のレスポンデント条件づけからの理解**

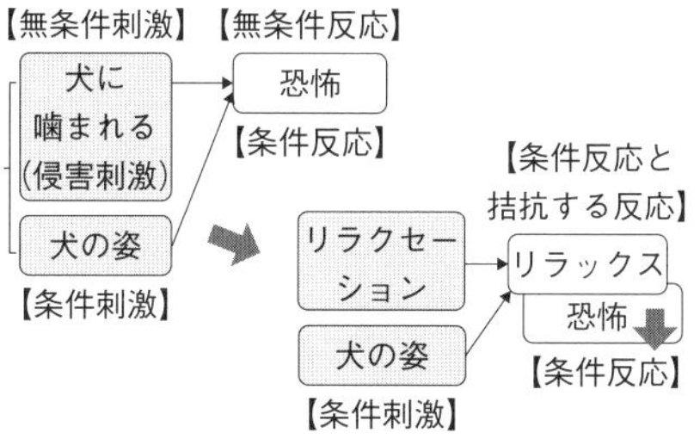

図 3–6　**系統的脱感作**

てしまい，犬に恐怖を感じるようになってしまったのです（図 3–5）*8。限局性恐怖症など，恐怖や不安に関連する問題は，このようにレスポンデント条件づけから説明できることがよくあります。

そして，レスポンデント条件づけからの理解をもとに拮抗条件づけを利用して，犬に対する恐怖の改善をめざすことができます（図 3–6）。具体的には，犬の姿が誘発する恐怖をより早くより小さくするために，恐怖と競合するような“快”の反応をもたらす“リラクセーション”を用います。つまり，犬によって誘発される“恐怖”と競合するような（両立できない），リラクセーションによって得られる“リラックス（快）”という反応を，犬と条件づけるのです。これ

＊8　このとき，犬といっても正確には“アメリカン・コッカー・スパニエル”に噛まれたとしましょう。しかし，アメリカン・コッカー・スパニエルだけでなく，イングリッシュ・コッカー・スパニエルにもシベリアン・ハスキーにもチャウチャウにもトイ・プードルにも同じように（犬全般に）恐怖を感じます。これについてはいろいろな観点から説明できるのですが，レスポンデント条件づけの「刺激般化」からその一部を説明できます。刺激般化とは条件刺激に似た違う刺激に対しても同じように条件反応が生じるという現象です。条件刺激に似ていれば似ているほど条件反応は強くなります。したがって，アメリカン・コッカー・スパニエルに噛まれた場合，犬全般に恐怖を感じますが，おそらく同じ犬でもトイ・プードルよりもアメリカン・コッカー・スパニエルに似たイングリッシュ・コッカー・スパニエルにより強い恐怖を感じると推察されます。

によって恐怖の低減をめざします。これが**系統的脱感作**といわれる方法です。

(3) リラクセーション

系統的脱感作には**リラクセーション**が用いられます。系統的脱感作の詳しい説明に入る前に，まずはリラクセーションについて紹介しておきましょう。リラックスとはいわば身体の力が抜けて，気持ちもゆったりと深く落ち着いている状態を指します。神経系でいえば副交感神経系が優位な状態です。このリラックスした状態を意図的につくっていく方法がリラクセーションです。代表的な技法が，呼吸法，筋弛緩法，自律訓練法です。

リラクセーションを行う際にはまず，リラクセーションをしやすい姿勢に整えることが大切です。椅子に座ってやるのであれば，深く椅子に腰をかけて，足の裏をしっかり床につけてください。目を閉じ（あるいは薄目で），軽く背筋を伸ばして，肩と首の力を抜きます。時計やアクセサリーなど身体を締めつけるものは外し，服装もゆったりとした楽なものを着用しましょう。静かな部屋で，照明は暗めがいいでしょう。ただし，これはあくまでも理想です。外出先などで行う際は，あまり気にせず，できる範囲で構いません。自律訓練法などは仰向けにごろんと横になってやっていただいても構いません。

また，リラクセーションをした後は，必要であれば解除動作を行ってください。リラクセーションをすると，まれに頭がぼーっとしたりすることがあります。そういったときは解除動作で意識をはっきりさせてください。

解除動作（練習が終わったときの動作）

①大きく息を吸って，こぶしをにぎり，胸に引きつけます。
②そして，腕を下に伸ばすように脱力する感じで，息を吐き，両手をパッと開いてください。
③これを2，3回繰り返します。
④最後に背伸びをしたり，首を回したりしてください。

ひとつめに紹介するリラクセーションは**呼吸法**です。パニック症や心的外傷後ストレス症など精神疾患の治療にもよく用いられています。呼吸法では空気を鼻から吸って，口から吐くという腹式呼吸を意識してください。

呼吸法

①心の中で「1，2，3，4」と，4まで数えながら息を吸う。

②「5」で軽く，一瞬息を止める。

③「6，7，8，9，10，11，12……」と，数えながらゆっくりと吐き，10以上になるようにする。

④これを数分の間繰り返す。

カウントする間隔は，自分の呼吸に合わせて調節していただいて構いません。苦しくない気持ちのいいペースでゆっくりめです。吐くときは，吸うときよりも長くし，吐き終わるまで数え続けます。息を吐くことがPOINTです。ゆっくりと息を吐きながら，息を吐くごとに身体の力が抜け，気持ちもリラックスしていく感じを味わうようにします。

続いては**筋弛緩法**です。各身体の部位を緊張させて，弛緩させる（緩める）ことによってリラクセーションを行う技法です。複雑なやり方から簡便な方法までいろいろとあるのですが，今回は比較的簡単でやりやすい方法を紹介します（Hoffman, 2012)。

筋弛緩法

身体の各部位に力を入れて，緩めていきます。緊張しているときと緩めているときの違いにしっかりと気づいていきましょう。

・額：眉毛を持ち上げ，額に5秒間しわを寄せてみましょう。そして，緩めます。

・目と鼻：目をできるだけきつく閉じます。そのまま5秒間待ち，緩めます。

・唇・頬・顎：「イー！」と言うときの口の形をするように，口角を左右に引いて力を入れ，5秒間そのまま待ちます。そして，緩めます。

・両手：腕を水平に伸ばします。5秒間両手を強く握り，緩めます。

・上腕部：肘を曲げます。力こぶ（上腕二頭筋）を5秒間緊張させて，それから緩めます。
・両肩：肩を持ち上げ，そのまま５秒間保ちます。それから，緩めます。
・背中：背中と首を椅子の背に押し付けます。そのまま緊張させて５秒間保ち，緩めます。
・腹部：腹筋を５秒間硬くしてから，緩めます。
・でん部（お尻）：お尻の筋肉を５秒間硬くして，緩めます。
・腿：両足を内側へとできるだけ強く押し付けて，腿の筋肉を緊張させます。そのまま５秒間続けて，緩めます。
・足：足首を身体の方へと曲げます。これを５秒間続け，緩めます。
・足指：つま先を５秒間丸めて，緩めます。
※最後に，身体の筋肉を見渡して，緊張したままの筋肉がないか確認します。必要ならば，緊張している筋肉群を３～４回ほど緊張させ緩めましょう。

筋肉に力を入れて緊張させるときは息を吸いながら，抜くときは息を吐きながら実施すると効果的です。なお，緊張させるときは震えるほど力を入れる必要はありません。震えない程度にしっかりと力をいれてください。息を吐いて力を抜いた後は，深呼吸を続けて，息を吐くごとにさらに筋肉が緩んで，気持ちが落ち着いて穏やかになっていくのを感じてください。筋弛緩法は２週間くらい練習して初めて効果を感じることができるものです。しばらくは寝る前などに練習してみるといいでしょう。

自律訓練法とは自己暗示によってリラックスしていく方法です。自律訓練法は背景公式をふくめ全部で７つの公式から構成されていますが，第３公式以降は身体の状態によって禁忌があることと，第２公式までで十分に効果が得られるため，ここでは第２公式までを見ていきます。さらに詳しく知りたい方は自律訓練法の専門書籍にあたってみてください（e.g., 松岡・松岡, 2009）。

自律訓練法

・まずは背景公式です。「気持ちが落ち着いている」ということばを心の中で何度かつぶやいていきます。

・次は第1公式です。「右腕が重たい……右腕が重たい……」と心の中でつぶやきながら，なんとなく力が抜けていくのを感じます。部位を増やしていくイメージで同じように左腕→右足→左足と進んでいってください。
・その後，第2公式に進みます。「右腕があたたかい……右腕があたたかい……」と心の中でつぶやきながら，なんとなくあたたかくなってくるのを感じます。第1公式と同じように左腕→右足→左足と進んでいってください。

第1公式と第2公式は「利き腕→反対の腕→利き足→反対の足」の順で進めていきます。なお，手足の感覚に注意を一生懸命向けることはせず，なんとなく感じる程度でよいとされています。これを「受動的注意集中」といいます。練習時間は3～5分程度が標準的ですが，最初は1分など短い時間で構いません。とにかくたくさん練習することがPOINTです！　自律訓練法も筋弛緩法と同様に，効果が出るまでに2週間くらいかかります。

(4) 系統的脱感作

Wolpe, J. は，レスポンデント条件づけ，なかでも拮抗条件づけを応用して，恐怖や不安の介入方法を開発しました。それが**系統的脱感作**（Wolpe, 1958）です。レスポンデント条件づけが応用された行動療法のなかでも最初期のものとしてとても有名です。限局性恐怖症にはこの系統的脱感作がよく使われます。

➡ 系統的脱感作
リラクセーションを用いて，恐怖や不安などと拮抗する反応（リラックス）を生起させ，そのなかで恐怖や不安などを喚起する刺激へ段階的に曝露して，恐怖や不安を低減させていく技法。

①系統的脱感作は他のカウンセリングや心理療法と同じように関係性の構築からスタートします。これはカウンセリングや心理療法が終結するまでずっと重要です。問題や目標などの情報収集をしながら，「このセラピストを信頼し

て一緒にやっていこう！」と思えるような信頼関係を作っていきます。ですから，当然のことですが，行動療法にもカウンセリングの基礎的なスキルが必須です。系統的脱感作に限らずなんらかの技法に協同して取り組んでいくためには，関係性の構築が必要不可欠です。そうでないとそもそも介入に入れませんし，介入がうまくいかなくなってしまうリスクが高まります。

②次に，**心理教育**をしていきます。心理教育を丁寧に行うのは認知行動療法のとても特徴的な部分です。クライエントさんから得た情報をもとに，恐怖症のメカニズムとそれに基づく介入方法をクライエントさんの問題にそって説明していきます。まさしくここまで解説してきた内容と同じようなお話をしていきます。ざっくりいうと，「あなたの今の問題はこんなメカニズムで形成・維持されていて，そういった問題にはこういう介入法が開発されていて，その介入を進めていくとこんなふうに良くなっていくことが期待できますよ！」というのを丁寧に説明していきます。それは，自身の問題をしっかりと理解することにつながりますし，「系統的脱感作を一緒にがんばっていこう！」と思えるよう介入への動機づけを高めるという意味でも重要です。

③関係性の構築→心理教育を経て，「系統的脱感作に一緒に取り組むぞ！」ということが決まったら，**不安階層表**の作成に入ります。不安階層表とは不安や恐怖のランキング表みたいなものです（表3–1）。たとえば，犬が怖いといっても，“犬に触れる”恐怖感と“犬の写真を見る”という恐怖感は異なります。系統的脱感作は恐怖がそこまで大きくないものから順番に取り組んでいきます。どこから取り組んでいくのかはクライエントさんと話し合って決めてください。

表3–1　**不安階層表の例**

SUD	場面
100	犬に触る
80	本物の犬を近くで見る
60	本物の犬を遠くから見る
40	犬の動画を観る
25	犬の写真を見る
10	犬を思い浮かべる

必ずしも一番恐怖が小さいものからでなくて構いません。ただし，“ほぼ間違いなくできるものからスタートする”のがコツです。成功体験は今後の治療の動機づけにもつながりますので，多少物足りなくても確実にこなせる課題から進めていきましょう。もちろん「できた！」という感じも大切なので，簡単すぎるのもイマイチです。クライエントさんとしっかり話し合ってちょうどよい課題を探しましょう。なお，表の中にある SUD（subjective unit of disturbance scale）とは主観的障害単位あるいは自覚的障害単位と呼ばれるもので，主観的な苦痛度を示したものです。ここでは恐怖や不安の強さにあたります。

④そして，系統的脱感作ではリラクセーションを使いますので，リラクセーションを習得します。クライエントさんにリラクセーションを紹介し，宿題として日常生活のなかでたくさん練習してもらいます。そうしてリラクセーションが習得できたら準備完了です。なお，系統的脱感作で使用するリラクセーションはオリジナルの技法では筋弛緩法が使われていたようですが，日本の臨床場面では自律訓練法が使われることが多い印象です。

さて，複数回の面接を経て無理のないペースで①～④を進めてきたら，ここからが本番です。系統的脱感作を実際に行っていきます。まずクライエントさんにリラクセーションをしてもらい，しっかりとリラックスした状態を作ります。十分にリラックスできたら，不安階層表からクライエントさんと一緒に選んだ特定の場面に曝露していきます。たとえば，犬の写真を見たり，犬をイメージしたりします。つまり恐怖の対象にクライエントさん自身を曝していきます。この手続きが**曝露**（exposure，エクスポージャー）です。恐怖を回避せず，恐怖にしっかり触れていく感じ，恐怖をしっかり体験していく感じといったらいいでしょうか。クライエントさんの様子を確認しつつ数分経ったら SUD を回答してもらいます。多くの場合，時間の経過とともにだんだんと恐怖が減ってきます[*9]。SUD が 0 かそれに近い値になったらその場面は終了です。そして，不安階層表の次の場面にチャレンジしていきます。クライエントさんのペースに合わせて，面接を重ねながら着実に進めていくことが重要です。

＊9　曝露によって恐怖や不安が低減していくメカニズムついては，馴化や消去の可能性が考えられるのですが，未だはっきりわかっていません。また，馴化や消去とは別だという説もあるようで議論が続いています（遠座・中島，2018；三田村，2017）。

こうして不安階層表をひとつひとつクリアして，最終的に犬に対する恐怖を克服していくのです＊10。曝露の仕方については，イメージを用いたり，現実場面で恐怖の対象そのもの（実物）を使用したりするなどさまざまです。

(5) 曝露法（エクスポージャー法）

系統的脱感作は，恐怖や不安などに自身を曝して問題の改善をめざす**曝露法**（**エクスポージャー法**）の一種としてとらえることができます。ほかにも曝露法には**フラッディング**（flooding）と呼ばれる方法などさまざまなものがあります。系統的脱感作は強度の弱いものから曝露していきますが，フラッディングははじめから最強度の刺激に対して曝露していきます。フラッディングはうまくいくと大きな効果がありますが，介入の中断などうまくいかなかった場合には問題の悪化につながる可能性もあり，メリットもデメリットも極端な方法です。系統的脱感作は強度の低いものからひとつひとつやっていきますので，改善はわりとゆっくりで時間は要しますが，心身への負荷などのデメリットが比較的少ない方法です。また，最近では，曝露の仕方として，強度の弱いものから順々ではなく，ランダムに曝露するなどという方法も考案されているようです。

また，系統的脱感作ではリラクセーションを用いますが，治療効果を考えたときに，“リラクセーションは必須ではない”ということを裏づける知見もいくつか示されています。現在のところはっきりしたことはまだわかっていませんが，もしそれが本当ならば「曝露だけやればよくて，リラクセーションは不要だ！」といえるかもしれません。

さて，それはどうでしょうか？　たしかにリラクセーションが不要なクライエントさんもいらっしゃるでしょう。効果が変わらないのであれば，リラクセーションという手続きが減るので効率的です。しかしながら，リラクセーションがあったほうが曝露をしやすい，もっといえば「リラクセーションがあったから曝露できた！」というクライエントさんももちろんいます。そもそも思い

＊10　ちなみにひとつひとつ場面をクリアしていくなかで，全体の SUD も下がっていきます。最初，ある場面の SUD が 100 であったとしても，最後に取り組むころには，多くの場合，その場面の SUD はチャレンジできるくらいに下がっていますのでご安心を！

出したくないほど怖いものに自分を曝していく治療です。ものすごい大きな苦痛が伴うのです。したがって，重要なのはそういったクライエントさんの困難をきちんと共有・理解した上で，クライエントさんのニーズと希望に合わせて技法を選択することです。技法を選択する際には，ぜひこのことを忘れないようにしてください。

系統的脱感作に限らず，技法だけが走ってしまうと，クライエントさんが置いてけぼりになってしまい，その結果，介入がうまくいかなくなってしまいます[＊11]。そのような事態にならないように，いつでもクライエントさんと協同して治療を進めていくということをこころに留めておきましょう。

(6) まとめ

学習理論を臨床応用して作られたのが行動療法です。本章ではまずレスポンデント条件づけとそれに基づく行動療法を紹介しました。行動療法は，学習に関わる実証的な基礎理論と介入方略が厳密に結びついていることが大きな特徴であり，強みです。とても理屈っぽいですが，一度理解するととてもわかりやすいと思います。この後の章も基礎理論と介入方略のつながりを意識しながら読み進めていただけると，理解がしやすくなると思います。

（松野航大・原真太郎・嶋大樹）

＊11　とある認知行動療法の研修会に筆者が参加したとき，正確にどうおっしゃったのかは覚えていませんが，ある大御所の先生が「曝露法は，曝露をすることじゃなくて，“曝露をするまで”がより大事なんだ」ということをお話しされていました。ものすごくうまい言い方だなと思って，ものすごく納得したことを覚えています。

引用・参考文献

Cooper, J. O., Heron, T. E., & Heward, W. L. (2007). *Applied Behavior Analysis* (2nd ed.). Pearson Education.（クーパー，J. O.・ヘロン，T. E.・ヒューワード，W. L.　中野 良顯（訳）(2013). 応用行動分析学　明石書店）

遠座 奈々子・中島 定彦（2018）．不安障害に対するエクスポージャー法と系統的脱感作法 —— 基礎研究と臨床実践の交流再開に向けて —— 基礎心理学研究 , *36*(2), 243–252.

Hofmann, S. G. (2011). *An Introduction to Modern CBT: Psychological Solutions to Mental Health problems.* Wiley-Blackwell.（ホフマン，S. G.　伊藤 正哉・堀越 勝（訳）(2012). 現代の認知行動療法 —— CBT モデルの臨床実践 ——　診断と治療社）

実森 正子・中島 定彦（2019）．学習の心理 第 2 版 —— 行動のメカニズムを探る ——　サイエンス社

松岡 洋一・松岡 素子（2009）．自律訓練法 改訂版　日本評論社

Mazur, J. E. (2006). *Learning and Behavior* (6th ed.). Pearson Education.（メイザー，J. E.　磯 博行・坂上 貴之・川合 伸幸（訳）(2008). メイザーの学習と行動 日本語版 第 3 版　二瓶社）

三田村 仰（2017）．はじめて学ぶ行動療法　金剛出版

Wolpe, J. (1958). *Psychotherapy by Reciprocal Inhibition.* Stanford University press.

4 オペラント条件づけ

4.1　オペラント条件づけの基礎

(1) オペラント条件づけ

特定の誘発刺激を持たない自発的な行動をSkinner, B. F.（図 4-1）は**オペラント行動**と名づけました。**オペラント条件づけ**は主にこのオペラント行動に関わる学習で，Skinner によって体系化されました。

例えば，自動販売機が目の前にある状況で，自動販売機のボタンを押すと，りんごジュースが手に入ったという経験をします。そうすると，その後も自動販売機を見つけたときに，また自動販売機のボタンを押すようになります。このような学習をオペラント条件づけといいます（図 4-2)。

図 4-1　Burrhus Frederic Skinner（1904 ～ 1990）
写真提供：ユニフォトプレス

➡ オペラント条件づけ
ある刺激（状況など）のもとで生起した行動の直後に，なんらかの結果が随伴することで，その行動の生起頻度や強度が変化する学習。

(2) 先行事象・行動・結果事象

オペラント条件づけでは，行動を**先行事象**，**行動**，**結果事象**の三項からとらえ，整理をします[*1]。“ある先行事象のもとで，ある行動が生起すると，ある結果事象が生じる”ことを**随伴性**（行動随伴性）といいます。特にこの先行事象–行動–結果事象の 3 つの連なりは**三項随伴性**と呼ばれています。行動療法を用いる際は，多くの場合，行動をこの三項随伴性でとらえることが基本となります。先の例でいえば，自動販売機が“先行事象”，ボタンを押す行動は“行動”，りんごジュースは“結果事象”となります（なお，図 4–2 では先行事象として，「自動販売機」という**弁別刺激**とともに，「水分の遮断」という動機づけ操作を併記しています。こちらについては動機づけ操作のところで詳しく説明します）。ちなみに，先行事象と行動と結果事象の三項それぞれに整理されるものは決まっています。

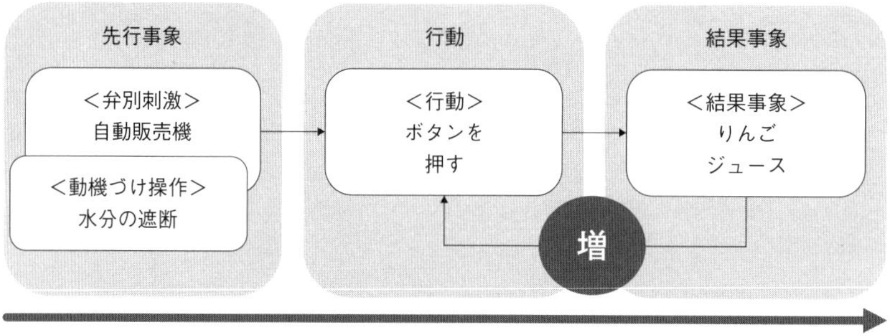

図 4–2　オペラント条件づけの例

＊1 「先行事象」とは，行動の直前にある環境・状況・文脈・弁別刺激・動機づけ操作などのさまざまな事象を包含したものを意味しています。一方で，「弁別刺激」と呼ばれるものは，先行事象のなかでも，直接的に行動のきっかけとなる刺激を指します。たとえば，どんなに暑くても，のどが渇いていても，目の前に飲み物の自動販売機がなければ，自動販売機のボタンを押すという行動は生じません。自動販売機があるからこそボタンを押すという行動が生起しています。したがって，自動販売機は行動を起こす直接的なきっかけになっているので，先行事象の中でも弁別刺激であると考えられるのです。なお，「先行刺激」という用語もあります。これは，弁別刺激や，レスポンデント条件づけにおける条件刺激などを含むもう少し広い概念になりますが，弁別刺激と同じ意味で使用されていることも少なくありません。これについて詳しい話をすると際限がなくなってしまいますので，まずは「弁別刺激とは直接的に行動のきっかけとなる刺激」，「先行事象は弁別刺激を含む行動のきっかけになるいろいろなもの」くらいにご理解いただければ大丈夫です。

➡先行事象・行動・結果事象
- 先行事象：弁別刺激（≒先行刺激）や動機づけ操作などを含むもので，行動に先行する刺激，環境，状況，文脈など＝行動のきっかけとなる事象。
- 行動（反応）：行動そのもの。
- 結果事象（後続事象）：行動に後続する事象＝強化子や弱化子の呈示・付与や除去・減弱といった行動の結果としての環境の変化。

まずは，先行事象，行動，結果事象のそれぞれがどんなものなのかをしっかりと理解することが非常に重要です。行動を三項随伴性の観点からとらえる際には，これらをきちんと頭に留め，その上で，行動を同定し，行動の直前（先行事象）と行動の直後（結果事象）にどのような環境の変化があったかを考えていきましょう。

(3) 4つの行動随伴性

オペラント条件づけには，**正の強化**，**負の強化**，**正の弱化**，**負の弱化**といった4つのパターン（4種の行動随伴性）があります[*2]。図と文章を対応させながら読み進めていってください。特に大事なのは“行動と結果”です。行動→結果のつながりに注目してください。

まずは，**正の強化**です。これは強化子が与えられることによって，行動が増えるパターンになります。壁にボタンがついていて（先行事象），そのボタンを押したら（行動），エサが手に入った（結果事象）。そうするとその後，エサを欲するとき，ボタンを押すという行動が増えるといったパターンです（図4-3）。なお，この例でのエサは**強化子**と呼ばれます。強化子とは，行動の直後に出現することでその行動の強度や頻度を増加させる刺激・出来事などとされます。と同時に行動の直後に消失することでその行動の強度や頻度を低減させるものでもあります（「負の弱化」の説明も参照）。

負の強化は，弱化子が取り除かれることによって，行動が増えるパターンで

＊2 「弱化」は「罰」と訳されることもあります。したがって，「正の弱化」は「正の罰」，「負の弱化」は「負の罰」と呼ばれることがありますが，それぞれ同じものを指します。日本語だと「罰」ということばは「罰する」という意味合いとつながりやすく，それが誤解を生むこともあるため，近年では「弱化」ということばが好んで使われるようになりつつあります。

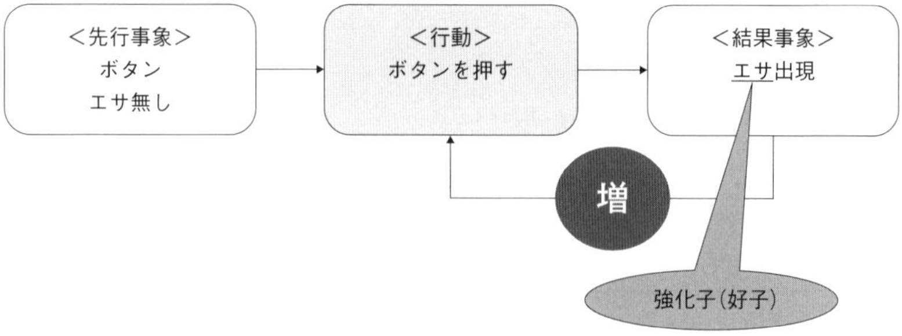

図 4-3　正の強化

す。電気ショックが与えられている状態で（先行事象），壁についているボタンを押したら（行動），電気ショックが止まった（結果事象）。そうするとその後，電気ショックが生じたとき，ボタンを押すという行動が増えるといったパターンです（図 4-4）。なお，**弱化子**とは，行動の直後に出現することでその行動の強度や頻度を低減させる刺激・出来事などとされます（「正の弱化」の説明も参照）[＊3]。同時に，行動の直後に消失することでその行動の強度や頻度を増加させるものでもあります[＊4]。したがって，この例での電気ショックは弱化子にあたります。

続いては，**正の弱化**です。これは弱化子が与えられることによって，行動が減るパターンになります。授業中の教室で（先行事象），騒いだら（行動），先生に怒られた（結果事象）。するとその後，授業中の教室で騒ぐという行動が減るといったパターンです（図 4-5）。ここでは叱責が弱化子になっています。

＊3　基本的には強化子や弱化子と同様のものなのですが，正の強化子，負の強化子，正の弱化子，負の弱化子という用語もあります。いわゆる先述の強化子と弱化子とは少し違うことばの用い方をしますので注意が必要です。なお，行動分析学では強化子を「好子」，弱化子を「嫌子」と呼ぶこともあります。具体的には，
・正の強化（呈示型強化）において呈示・付与されるものを「正の強化子（呈示型強化子）」と呼びます（＝一般的には強化子）
・負の強化（除去型強化）において除去・減弱されるものを「負の強化子（除去型強化子）」と呼びます（＝一般的には弱化子）
・正の弱化（呈示型弱化）において，呈示・付与されるのものを「正の弱化子（呈示型弱化子）」と呼びます（＝一般的には弱化子（負の強化子と呼ぶ場合もあります））
・負の弱化（除去型弱化）において，除去・減弱されるものを「負の弱化子（除去型弱化子）」と呼びます（＝一般的には強化子（正の強化子と呼ぶ場合もあります））。
研究者や研究領域によって用語の使用の仕方が異なりますので，論文や書籍を読むときに迷うことがあったら，こちらを参照してください。

＊4　「弱化子（嫌子）」は，「嫌悪刺激」，「罰子」，「罰刺激」などと呼ばれることもあります。

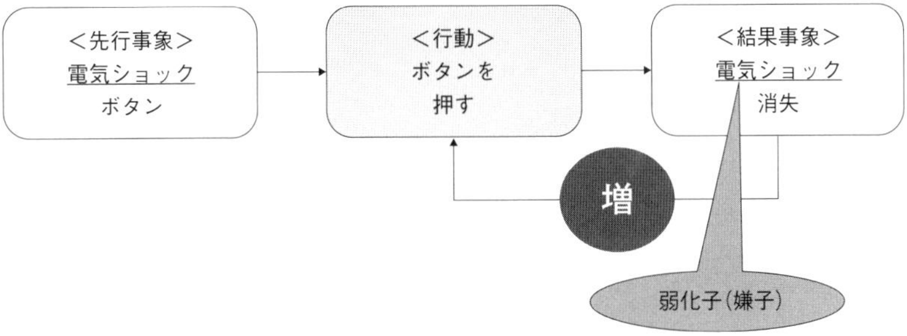

図 4-4　**負の強化**

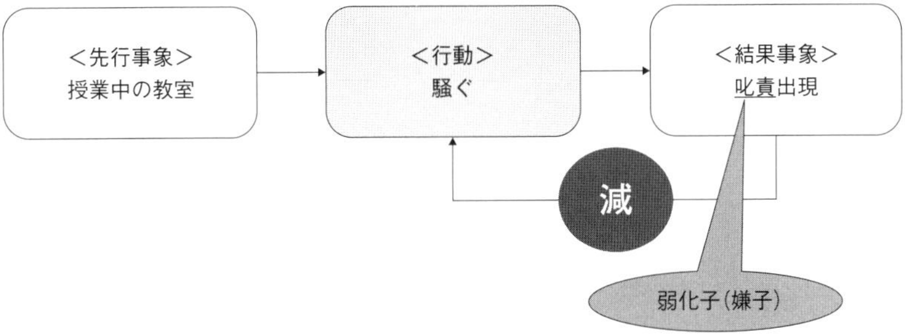

図 4-5　**正の弱化**

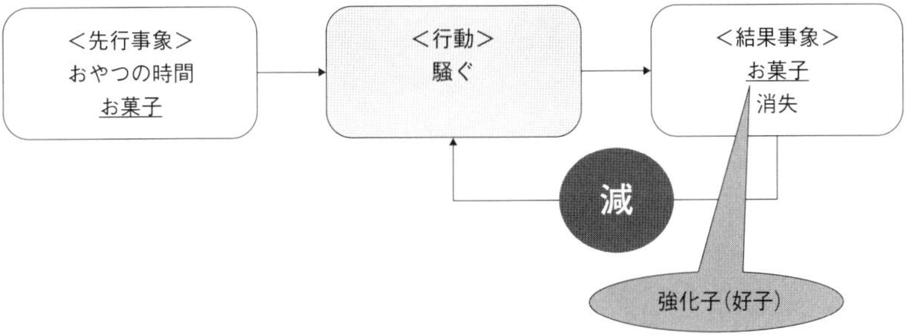

図 4-6　**負の弱化**

最後は，**負の弱化**を見ていきましょう。これは強化子が取り除かれることによって，行動が減るパターンです。おやつの時間になってお菓子がテーブルにおいてあります（先行事象），そのときに騒いでしまったため（行動），お菓子はなしになってしまいました（結果事象）。そうするとその後，おやつの時間に，騒ぐという行動が減るといったパターンです（図 4-6）。強化子はお菓子です。

➡ オペラント条件づけの 4 つの行動随伴性[*5]

- 正の強化：強化子を呈示・付与することによって，特定の行動の生起確率や強度が増大する。
- 負の強化：弱化子を除去・減弱することによって，特定の行動の生起確率や強度が増大する。
- 正の弱化：弱化子を呈示・付与することによって，特定の行動の生起確率や強度が減少する。
- 負の弱化：強化子を除去・減弱することによって，特定の行動の生起確率や強度が減少する。

最初のうちは，正は“与える”，負は“取り除く”と覚え，強化は“(行動が) 増える”，弱化は“(行動が) 減る”と覚えましょう。これさえ覚えておけば，それぞれの行動随伴性に強化子と弱化子のどちらが関わっているかについては，少し考えるとすぐに導くことができます。たとえば，負の強化であれば，「“負は取り除かれる！”，“強化は行動が増える！”だった。行動が増えるってことは，なにかその人にとって良いことが起きているはずだ！　負は“取り除く”だから，うれしいことと嫌なことどっちが取り除かれたら，その人にとって良いことになるだろうか？……もちろん（うれしいことではなく）嫌なことが取り除かれるほうが良いことだ！　嫌なこと＝弱化子！　だから負の強化に関連しているのは弱化子だ！」と導くことができます（表 4-1）。もちろん勉強を重ねるうちに，4 つの行動随伴性のどれに強化子や弱化子が関わっているかは頭に入ってしまいますからご安心を（表 4-2）！

ただし，現実では，ある行動に複数の行動随伴性が同時に働いている場合もあります。図 4-7 の場合，非常に部屋が暑かったため（先行事象），冷房のスイッチを ON にしたら（行動），暑さがなくなり（結果事象①：弱化子の除去），涼しい風が当たって気持ちが良かった（結果事象②：強化子の付与）。そのため，「暑いときは冷房を入れる」（①負の強化・②正の強化）という随伴性になって

＊5　行動分析学では，「正の強化」は「好子出現の強化」，「負の強化」は「嫌子消失の強化」，「正の弱化」は「嫌子出現の弱化」，「負の弱化」は「好子消失の強化」と示されることがありますが，同じものととらえていただいて構いません。

表 4-1　**4つの行動随伴性**（強化と弱化の観点からのまとめ）

	正（与える）	負（取り除く）
強化（増える）	正の強化	負の強化
弱化（減る）	正の弱化	負の弱化

表 4-2　**4つの行動随伴性**（強化子と弱化子の観点からのまとめ）

	出現（与える）	消失（減少する）
強化子（好子）	正の強化	負の弱化
弱化子（嫌子）	正の弱化	負の強化

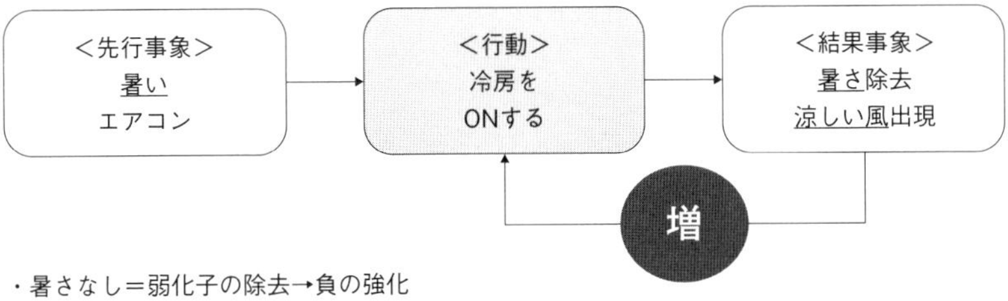

・暑さなし＝弱化子の除去→負の強化
・涼しい風あり＝強化子の出現→正の強化

図 4-7　**行動随伴性の重なり**

います。つまり，弱化子の除去と強化子の付与の両方がなされて，行動が増えています。したがって，これは負の強化と正の強化が同時に働いているわけです。このように現実の場面では，4つの行動随伴性のどれかに必ず分類されるわけではなく，複数の行動随伴性が動いている場合があります。三項随伴性を考える際にはこのことにも注意しましょう。

これに関連して，強化子と弱化子が同時に行動へ随伴する場合はどうなるのでしょうか。たとえば，図 4-8 を見てください。全身がこっていて，そんなときにマッサージ店を見かけたので（先行事象），マッサージ店に入りました（行動），施術を受けていると，ものすごい痛み（弱化子の付与）とともに，とても気持ち良い感覚がします（強化子の付与）。さて，この場合，弱化子の付与と強化子の付与が同時に起こっているわけですが，正の弱化が起きるのでしょう

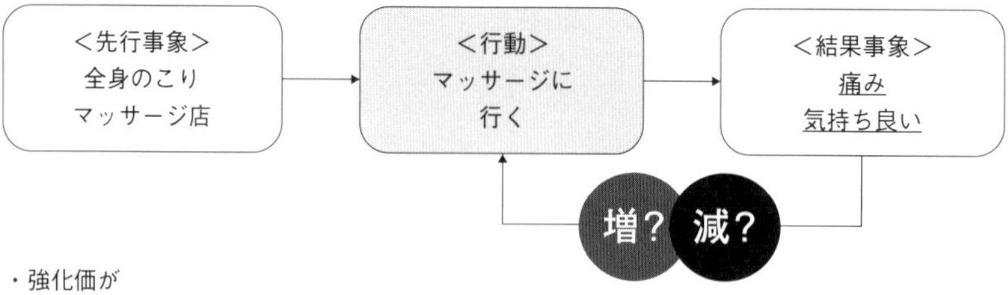

・強化価が
→弱化子のほうが強い（弱化子＞強化子）→正の弱化
→強化子のほうが強い（強化子＞弱化子）→正の強化

図 4-8　結果事象が複数ある行動随伴性

か？　それとも正の強化が起きるのでしょうか？　これはその強化子や弱化子が持っている力（影響力・威力）によって変わります。この力を**強化価**といいます。つまり，弱化子のほうの強化価が強ければ（弱化子＞強化子），正の弱化が生じ，強化子の強化価のほうが強ければ（強化子＞弱化子），正の強化が生じるというようなイメージです。したがって，痛みのほうが強ければマッサージには行かなくなり，気持ち良さのほうが強ければまたマッサージに行くということになります。このように日常生活場面では，ある行動に対して，複数の結果事象が生じていることが多くあります。そして，結果的にその行動が増えるのか減るのかというのは，それぞれの強化子や弱化子の強化価によって左右されている部分があるのです。

また，行動療法など特に臨床的な介入をする際に大事な POINT となる知識として，“強化子と弱化子はあらかじめ決まっていない”ということがあります。「ある結果事象が強化子だったのか？　弱化子だったのか？」「強化されたのか？　弱化されたのか？」というのは，その後，実際に行動がどのように変化したかが観察されて初めて特定されるということです。

たとえば，図 4-9 では「叱責」という結果事象が伴っています。みなさん怒られるのは好きですか？　ちなみに私は大嫌いです！　ほとんどのみなさんもきっとそうだと思います。叱責は一般的に弱化子のように思われます。しかし，この叱責が弱化子として機能しているかどうかというのは，叱責を与えた時点では判断できません。結果事象が伴った後の行動をしっかり観察しないとその判断はできないのです。言い方を変えると，そこで実際に行動の増加あるいは

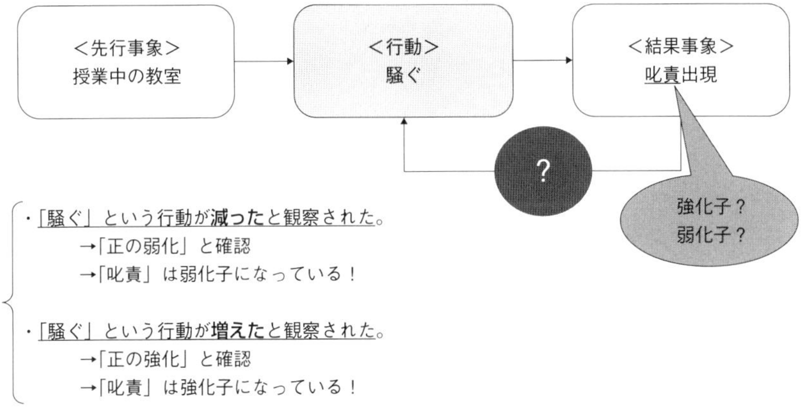

図 4-9　**強化と弱化 / 強化子と弱化子**

減少が確認されて初めて，「強化が起きている！」/「弱化が起きている！」と確認できるということです。さらに，この強化や弱化が観察されて初めて，「あっ，この結果事象は強化子だったんだ！」/「あっ，この結果事象は弱化子だったんだ！」とわかるのです！

つまりどういうことか？　「叱責」を与えられて，確かに「騒ぐ」という行動の減少が観察された。それによって，正の弱化が起きているんだということがそこで初めてわかります。と同時に，正の弱化が生じているわけですから，「叱責は弱化子だったんだ！」と後からわかるということです。逆にもし，「叱責」を与えられたことによって，さらに調子にのって「わーい♪わーい♪」と大暴れしたとします。騒ぐという行動が増加しています。この場合，叱責が与えられて行動が増えているので，これは正の強化になるわけです。そうすると「この叱責は強化子になっていたんだ！」とそこで初めて判断ができるのです[*6]。

したがって，結果事象を操作する介入をしたときには，必ずその後に行動がどうなっているかを追うことがとても重要になります。結果事象を操作してそれで満足し，やりっぱなしになってしまうことはもちろんダメなわけです。そ

＊6　あくまでも行動の変化が確認されることで，強化子だったのかあるいは弱化子だったのかが特定されますので，最初からある事象が強化子や弱化子かということはわからないというのが原則です。ただし，はじめからある程度，強化子や弱化子の機能を持つような例外的な事象もあります。

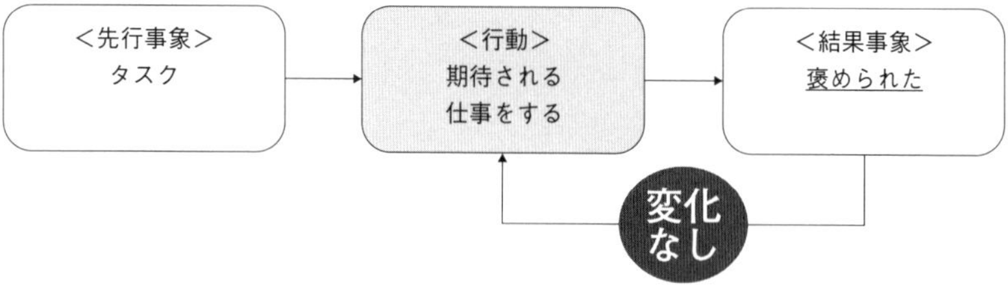

→「期待される仕事をする」をするという部下の行動が，その後特に増えていないのであれば，上司の「褒める」という関わりは強化子として機能していない。

図 4-10　**強化の失敗例 1**

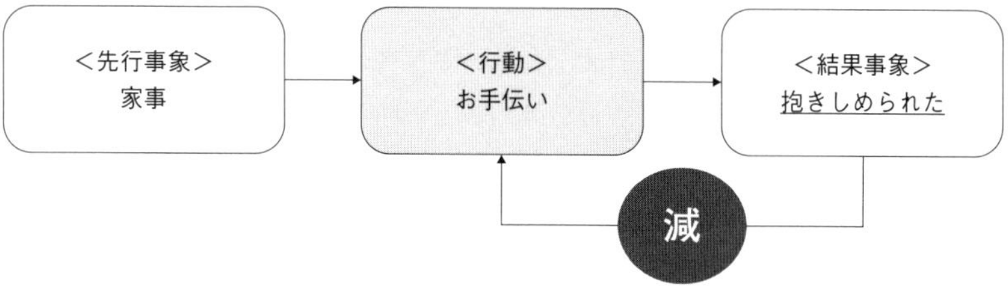

→「お手伝い」をするという子どもの行動が結果的に減ってしまったのであれば，大人の「抱きしめる」という関わりは強化子ではなく，むしろ弱化子と機能してしまっている。

図 4-11　**強化の失敗例 2**

もそもその介入の効果があったのか確認しないと自己満足で終わってしまいます。実際に行った介入が意味のある介入になっているのかを確かめるためにも，強化や弱化の観察，そして強化子と弱化子の確認がとても大切になるのです。

たとえば，ある期待される仕事をした部下に対して，上司が「褒めた」=「強化子を与えた」と思っていても，その後，部下の行動に変化がなければ，上司の関わりは褒めとして機能していなかったことになります（図 4-10）。別の例も見てみましょう。子どもがお手伝いをしたので，大人が褒める意図で，「ありがとう！」と抱きしめた。そうするとだんだんとお手伝いをしなくなった。子どもによっては，触られることをとても不快に感じます。それに気づかずにお手伝いをするたびに抱きしめるということをすると，こちらは「褒めた」=「強化子を与えた」と思っていても，実はお手伝いという行動に弱化子を付与していることになるので（正の弱化），お手伝いという行動は減ってしまいます（図

4-11)。

自分自身が心理支援や教育などをする立場になって，正の強化での支援や教育を実践していこうと思ったときには，自身の関わりがきちんと強化子として機能しているのかを見極めながら支援や教育を進めることが大切です。

(4) 遅延結果

ある日，妻に内緒で，一人で美味しいお鮨を食べに行ったお父さん。日々の忙しさも忘れ，一人でのんびりと宝石のようなお鮨をほおばり，最高のおいしさと幸せを満喫しました。帰り道，なんだかいつもより星も輝いて見えます。帰宅後，部屋着に着替えているとき，スーツのポケットから流れ星のようにお鮨屋さんの領収書が舞い落ちます。妻がそれをふと手に取ります。「……ねぇ。お父さん。これなぁに……？」。

お父さんは，鮨屋に行ってお鮨を食べて（行動），その直後に「うまい！」という経験をしました（結果事象＝強化子の付与）。しかし，帰宅してから妻にお鮨を一人で食べたことについてものすごく怒られてしまいました（遅延結果＝弱化子の付与）。**遅延結果**とは，このような，行動のしばらく後に生じた事象のことをいいます（図 4-12）。この場合，遅延結果として，妻の激怒というものすごい威力の弱化子が与えられ，正の弱化が生じ，お鮨を一人で食べに行くという行動は減るように思います。

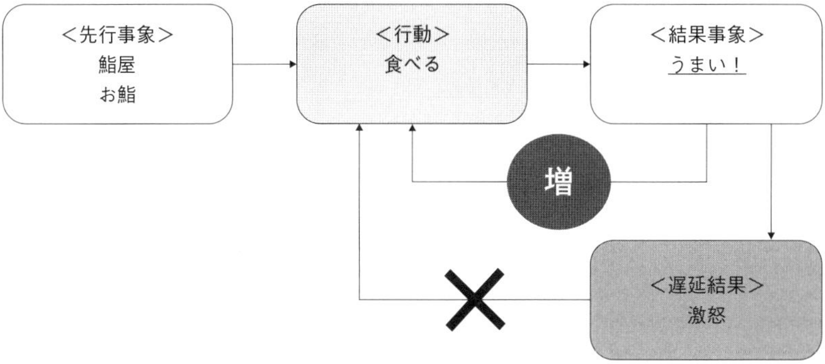

図 4-12　**遅延結果**

しかし，結論をいってしまうと，お鮨を一人で食べに行くという行動はなくなりません。なぜならば，遅延結果は行動の増減に直接的な影響を与えないというメカニズムがあるからなのです[*7]。重要なことは，原則，“行動の直後1～2秒，遅くとも60秒以内に生じる結果事象が行動に影響する”ということです。それ以降に生じる事象は遅延結果となり，行動に直接的に影響することは基本的にありません。行動に直接的に影響を与えるのは，あくまでも行動の直後60秒以内に生じる結果事象なのです。

たとえば，ダイエットがなかなかうまくいかない要因のひとつはここにあります。運動や食事制限などのダイエット行動をしても，その行動の直後にあるのは，つらさなどの大きな弱化子の出現で，強化子がほぼ伴いません。ダイエット行動を続ければ，遅延結果として減量できるのはわかってはいるのですが，遅延結果は直接行動に影響してくれず，あくまでも行動は直後の結果の影響に左右されます。そのため，つらいという弱化子の付与によって（正の弱化），ダイエット行動が消えていってしまうのです（図4-13）。

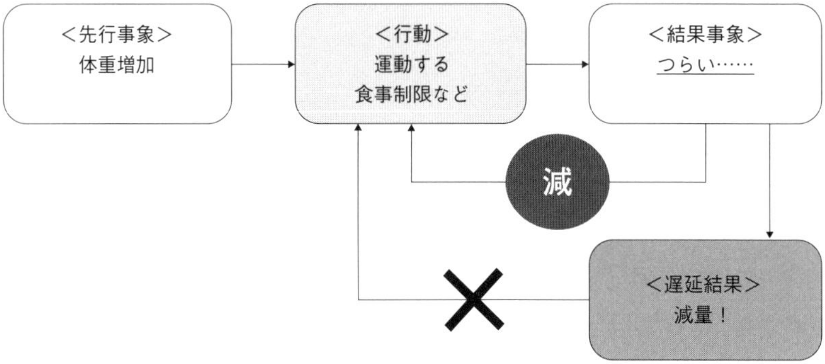

図4-13　**ダイエットがうまくいかない理由**

＊7　たとえば，もし遅延結果で強化や弱化が生じてしまうと，遅延期間中になにか別の行動が生起した場合，誤ってその行動に強化や弱化がなされてしまうなどの問題が起きかねません。このように遅延結果が行動に影響してしまうのは不都合なので，遅延結果では基本的に強化や弱化は生じないのです。

➡遅延結果
行動が生起し，その後しばらくたった後に生じた事象は「遅延結果」といい，行動の増減に直接的な影響を与えない。
※行動の増減に直接的に影響を与える結果事象とは，行動の直後 60 秒以内に生じる事象を指す。

ただし，先ほどのお鮨の話に戻すと，「それだけ妻に激怒されたらまじめな私はもう一人ではお鮨を食べに行きません！」という方も一定数いるでしょう。そうすると，ここまでの「遅延結果は行動に直接的に影響しない」という説明と矛盾してしまいます。その疑問については次のところでお答えしていきましょう。

(5) 動機づけ操作

さて，先ほどの図 4-12 のように，お鮨屋さんで目の前においしいお鮨が出てきたときに，私たちはいつだって同じように「食べる」でしょうか。いくつかの状況を想定してみましょう。図 4-14 をご覧ください。

①朝から何も食べていなくて，お腹がぺこぺこ。そんなときに，お鮨が目の前に出てきたらとうでしょうか。いつもと同じお鮨だとしてもいつも以上にきらきらでおいしそうに見えるでしょう（弁別刺激）。ものすごい勢いでがっついて食べそうです（行動）。いつもと同じお鮨のはずなのに，たいそうおいしく

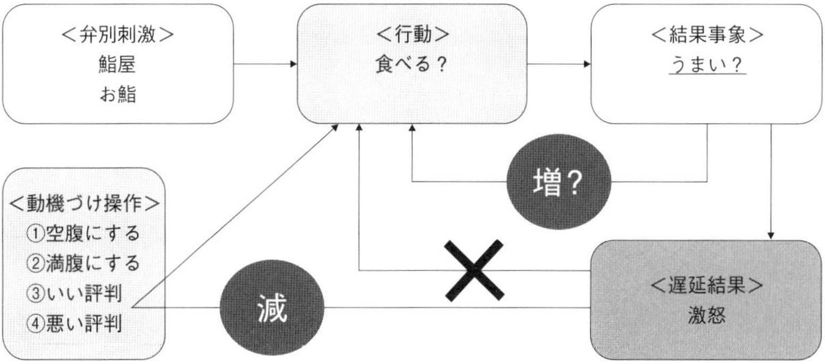

図 4-14　**動機づけ操作**

感じられるでしょう（結果事象）。

②お鮨を食べる前に，かつ丼を食べて，カレーを食べて，ラーメンを食べて，ついでに替え玉も 2 玉いってから，お鮨が目の前に出てきたらどうでしょうか。いつもと同じお鮨でもおいしそうに見えません（弁別刺激）。ちょっとだけ食べるかもしれないし，そもそも食べないかもしれません（行動）。食べたとしてもおいしさは半減でしょう（結果事象）。

このように「空腹にする」や「満腹にする」という操作は，弁別刺激・行動・結果事象のすべてに影響を与えます。特に行動の生起頻度や強度，および結果事象の効果を変えています。このような操作のことを**動機づけ操作**といいます[*8]。そして，この動機づけ操作は大きく**確立操作**と**無効操作**の 2 種類に分けることができます。

動機づけ操作

・ある特定の事象の強化子や弱化子の効果を変え（価値変更効果），行動の生起頻度や強度を変える操作（行動変更効果）。

→①価値変更効果として，強化の有効性を増加させる動機づけ操作を「確立操作」と呼ぶ。また，確立操作による行動変更効果として，行動の生起頻度や強度が増加することを「喚起効果」と呼ぶ。

→②価値変更効果として，強化の有効性を減少させる動機づけ操作を「無効操作」と呼ぶ。また，無効操作による行動変容効果として，行動の生起頻度や強度が減弱することを「減少効果」と呼ぶ。

例：遮断化／飽和化，ルールなど

したがって，①の例で言えば，食べ物を与えず，お腹ペコペコに操作する（遮断化）ことは，動機づけ操作のなかでも確立操作にあたり，その結果，がっついて食べるように行動が変わったのは**喚起効果**にあたります。他方，②の例で言えば，かつ丼などを食べてお腹いっぱいにする操作（飽和化）は，動機づけ操作のなかでも無効操作にあたり，その結果，ほとんど食べないように行動が

＊8　動機づけ操作という概念は比較的新しい概念で，これについては議論の真っ最中です。ここに記述されている確立操作と無効操作をまとめて，確立操作と呼ぶ場合もあります。つまり，動機づけ操作＝確立操作としている文献もあります。他の文献を参照する際はご注意ください。

変わったのは**減少効果**にあたります。なお，食べ物の遮断化や飽和化以外にも，睡眠，活動，性的刺激，気温，苦痛刺激など，さまざまな動機づけ操作があります。

実際の支援のときも，動機づけ操作をきちんと考慮することが重要です。たとえば，3～4時限目あたりから学校の授業中に暴れてしまう児童がいたとします。この児童は，午前中の早い時間は授業に集中できていますし，午後も問題ないようです。もちろんこの行動の原因にはケースによってさまざまな可能性が考えられるので，あくまで一例ですが，空腹が暴れるという行動の要因の一つになっていることがあります。もしそうであるならば，おやつの時間を設ける，つまり飽和化という無効操作をすることによって，暴れるという行動が生起しにくくなるかもしれません。実際におやつの時間を設けている学校もあるようです。

さらに，**ルール**も動機づけ操作の一種として働くことがあります[*9]。ここでいう「ルール」というのは私たちが日常生活で用いる「規則」「決まり」みたいな意味とは少し違います。どちらかといえば，「思考」とか「認知」というものに近い意味で，行動療法や行動分析学での専門用語です。ルールについては第5章で詳しく扱いますので，そちらでじっくり学んでいただきたいのですが，簡単に言えば「ことばの力」です。

お鮨の話に戻しましょう。③お鮨屋さんに行く前に，「このお店，インターネットの口コミサイトで4.89点をたたき出しているお鮨屋さんで，数々の辛口料理評論家もみんな絶賛している」と聞いてから，お鮨が目の前に出てきたらどうでしょうか。いつもと同じお鮨でもおいしそうに見えるでしょう（弁別刺激）。じっくり味わって食べるかもしれません（行動）。そして，いつもよりきっとおいしく感じるでしょう（結果事象）。

④しかしながら，「このお鮨屋さんなんだけど，口コミサイトで1.22点。なんか変な匂いのするお鮨もいくつか出てくるんだよね」と聞いてから，そのお鮨屋さんにいったらどうでしょうか。いつもと同じお鮨でもまったくおいしそうに見えず（弁別刺激），食べてもちょこっとだけ。むしろ食べに行かないかも

＊9　ルールには，他者から示された「教示」と，自分でつくり出した「自己ルール」があります。また，ルールは動機づけ操作ではなく，弁別刺激になるときもあります。詳しくは第5章をご参照ください。

しれません（行動）。いつもと同じお鮨が出てきたとしてもおいしく感じないでしょう（結果事象）。

このようにルール（ことばの力）も強化子や弱化子の効果を変え（価値変更効果），行動の生起頻度や強度を変えることがあります（行動変更効果）。つまり，ルールも動機づけ操作として機能することがあるのです。

さて，遅延結果の説明の部分でひとつ疑問が残ったままでした。先ほど，遅延結果のところで，「一人でお鮨を食べに行ったことを妻にものすごくに怒られても，遅延結果は行動に直接影響を与えないからお鮨を食べに行くことは続いてしまう」と学びました。しかし，現実には，多くの方がそんなに怒られちゃったら，さすがに一人でお鮨を食べに行くのはやめます（たぶん）。この矛盾はどうしたものか。結論を言ってしまえば，ルールからこれを説明することが可能です。

妻にものすごく怒られたら，その瞬間に「一人でお鮨を食べに行くとものすごく怒られる」という新しいルールが誕生します（しかも多くの人にとって，とても強固なルールです（たぶん））。そうなのです。「怒られた」という遅延結果は行動に直接影響を与えませんが，遅延結果によってルールが誕生することで，動機づけ操作として，間接的に行動に影響を与えることがあるのです。そのため，遅延結果としての叱責が，「一人でお鮨を食べに行くと怒られる」というルールをつくり出し，そのルール（ことばの力）によって，「もう一人でお鮨屋さんに行くのをやめる」というように行動が変化することがあるのです。つまりまとめると，遅延結果は直接行動に影響を与えませんが，ルールという動機づけ操作を介して，間接的に行動に影響を与えることがあるということなのです。

したがって，行動療法を実践するときには，まず目標や価値をきちんと言語化することがとてもとても大事なことになります。目標や価値が言語化され，それらが明確化されると，その瞬間，目標や価値といった向かうべき方向・改善の方向を示したルールが生まれます。それはその人の生きる「文脈」を大きく変化させ，行動を目標や価値に向かうように大きく変容させることにつながるのです。

みなさんご存じの世界で一番エリートを輩出すると言われている帝都大学と

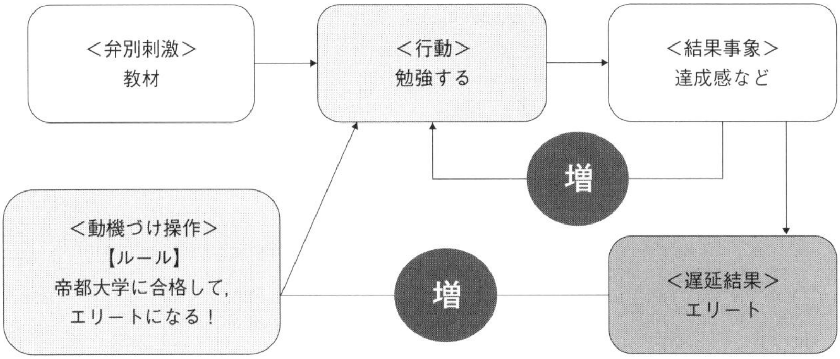

図 4-15　**目標と価値を言語化する意味**

いう大学がありますが（ありません。フィクションです），勉強嫌いのとある高校生は，たまたま観たテレビ番組をきっかけにスーパーエリートに憧れ，帝都大学進学を強く志望するようになりました。つまりあるとき，その高校生に「帝都大学に合格して，エリートになる！」というルールが作り出されたのです。するとどうでしょうか。ルールの力によって，今まで勉強嫌いだったその高校生に，驚くべき変化が生まれます！　なんと，勉強するという行動をとると「目標のためにまた一歩近づいた！」という達成感（＝強化子）が伴うようになったのです（図 4-15）。今までは，勉強しても苦痛という弱化子しか伴ってこなかったため勉強は大嫌いで，あまり勉強しませんでしたが，「帝都大学に合格して，エリートになる！」というルールが誕生したことにより，「勉強するとエリートになれる！」という遅延結果も顕在化し，勉強することに自然と強化子が伴うようになったのです。すなわち，ルールとして目標が言語化されることによって，勉強するという行動に関わる随伴性が変化したのです（勉強するという行動に弱化子が随伴するのではなく，強化子が随伴するように変化した）。行動療法では，これを「文脈が変わる」などといいます。

カウンセリングや心理療法では目標を立てることが大事だとよく教育されますが，行動療法を実践する際には，こういった意味でも目標の設定や価値の明確化が重要であるといえるでしょう。ケースによっては，「目標が定まらない」，「価値の明確化が困難である」という場合も少なくありません。しかし，だからといって，目標や価値をおざなりにしてはいけません。短期的な目標だけでもしっかり立てる。それも難しければ，支援を進めつつ，目標や価値を一緒に探し続けるということが大切です[*10]。

(6) 行動の機能

はじめに，図4-16をご覧ください。上と下で2つの行動随伴性が記述されてます。上も下も行動は「暴れる」ということで共通しています（まったく同じように暴れたと想定してください)。言い方を変えると，行動のカタチは上も下もまったく同じということです。ちなみ，行動のカタチのことを，行動の**形態**（型：topography，トポグラフィー）といいます。

しかし，オペラント条件づけでは，実は上の「暴れる」と下の「暴れる」は異なる行動としてとらえられます。行動の形態は同じなのにもかかわらずです。まず，上はなぜ暴れているのでしょうか。よく見てみると，周囲の注目のない状況で，暴れるという行動をとることによって，みんなから注目を得られています。つまり，上は“注目を得るため”に暴れているわけです。一方，下の暴れるはどうでしょうか。課題が出たときに，暴れることによって，課題をやら

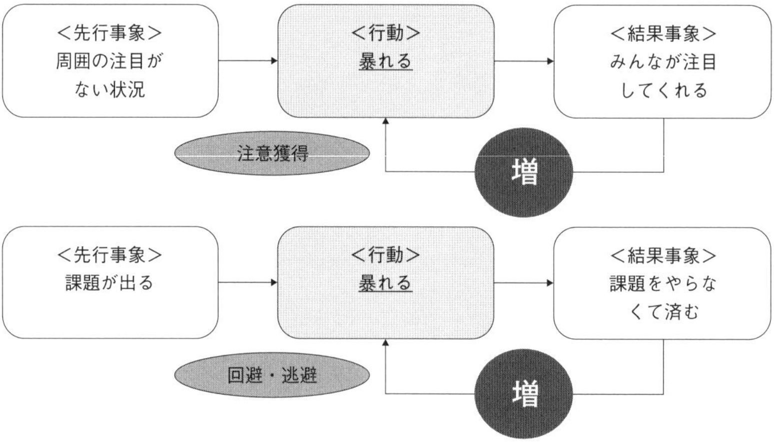

図4-16　**行動の形態と機能（機能が異なる）**

＊10　ただし，実際には，ルールの力だけで行動を動かすことは，よほど強力なルールでないと困難です。ですから，もちろん行動随伴性もきちんと考慮することが必須です。

なくて済んでいます。つまり，下は“課題から逃れるため”に暴れているわけです。上も下も同じ暴れるという行動ですが，行動が環境に与える影響は異なっています。上の暴れるという行動は“注意獲得”という意味を持っており，下の暴れるという行動は“回避・逃避”という意味を持っています。これらの「注意獲得」や「回避・逃避」といった，行動の意味や目的ととらえられるものは**機能**（function，ファンクション）と呼ばれます。実はこのようになんらかのオペラント行動が生起している場合には，その行動ひとつひとつに機能というものが備わっています。また，この行動の機能は基本的には4つに分類されます。

➡機能

・行動が与える影響のこと。
・基本的に機能は①要求，②注意獲得，③回避・逃避，④感覚の4種類[*11]。
　→①要求：物や活動が得られる。
　→②注意獲得：注意や注目が得られる。
　→③回避・逃避：弱化子を避けることができる[*12]。
　→④感覚：ポジティブな感覚が得られる。

まだ，①要求と④感覚の例をお示ししていませんでした。

①たとえば，「お手伝いをしたら（行動），ご褒美にパイナップルジュースをもらえた（結果事象）」「「一緒に遊びたい」と発言したら（行動），一緒に遊んでもらえた（結果事象）」などの場合，「お手伝い」や「遊びたいと言う」といった行動の機能は要求になります。

④感覚の例をあげるとしたら，「伸びをしたら（行動），背中に心地よい感覚が得られた（結果事象）」「蚊に刺されたところを掻いたら（行動），気持ち良かった（結果事象）」などが考えられるでしょう。

ちなみに，ある行動に対して機能が複数伴うこともあります。教室の中で暴

＊11　本書では行動の機能は4つに集約できると示していますが，これについては研究者によって解釈が分かれますので，絶対的なものではありません。

＊12　ちなみに，「回避はあらかじめ弱化子に触れる事態を避けること」で，他方，「逃避は現在接触している弱化子を避けること」と区別されます。

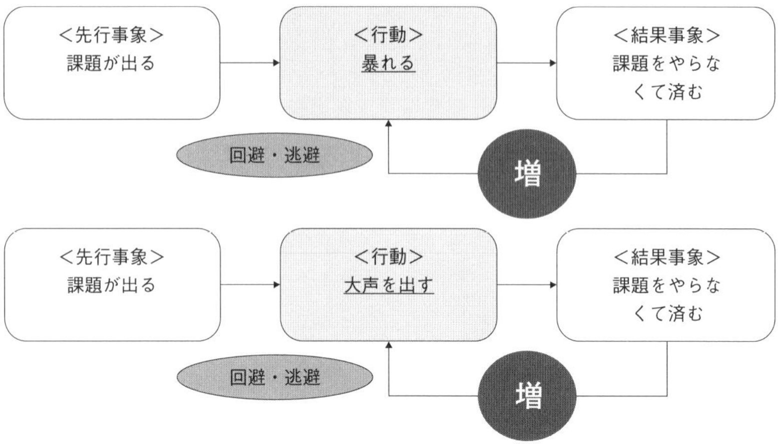

図 4-17　行動の形態と機能（機能が同じ）

れるという行動が，課題を回避する機能（回避・逃避）を持ちつつ，みんなから注目を浴びる（注意獲得）という機能を持っているという場合ももちろん想定できます。ひとつの行動に対して複数の機能が伴うことがあるので注意しましょう。

さて，図 4-16 に話を戻すと，上の場合は，注意獲得の機能を持った「暴れる」，下の場合は，回避・逃避の機能を持った「暴れる」という行動であることがわかりました。繰り返しになりますが，この場合，「暴れる」という行動の形態は同じですが，オペラント条件づけでは，別の行動としてとらえられます。一方，図 4-17 の場合はどうでしょうか。上は「暴れる」という行動で，下は「大声を出す」という行動です。行動の形態はかなり異なります。しかし，「暴れる」という行動も「大声を出す」という行動も，機能は同じで，課題を避けるという“回避・逃避”の機能を持っています。この場合，オペラント条件づけでは，「暴れる」という行動も，「大声を出す」という行動も同じ種類の行動であると考えるのです。このように行動の機能が同じことを機能的に等価（**機能的等価性**）といいます。そしてまた，機能が同じ行動の集まりは**行動クラス**と呼ばれます。

ちなみに，行動を三項随伴性からとらえて，機能を同定することを**機能的ア**

セスメントといいます[＊13]。行動療法では，行動の形態ももちろん大事にしますが，機能がより重視されます。ざっくり言えば，「なんでこの人はこの行動をするのかなぁ？」と考えることがとてもとても大切なのです。というのも，行動療法では基本的にこの機能的アセスメントに基づいて介入を行います。機能を同定することは介入方法を検討する際の大きなヒントになります。そのため，機能をしっかり見ておかないと，効果的な介入ができないのです。そういった意味で，行動の機能を同定する機能的アセスメントは，行動療法を実践する上で極めて重要な POINT です。

ただ，これについてはもう少し言及しなければなりません。機能的アセスメントをするには，そもそも“観察が超大事”です。カウンセリングや心理療法であれば，クライエントさんの行動が映像として目に浮かぶくらい，詳細に状況を教えてもらうことが必要不可欠です。「観察が大事?!　そんなことはわかっているよ！」と言われてしまうかもしれませんが，本当に大事なことなのであえて強調させていただきました。

そして，もうひとつ。「機能的アセスメントで満足してはいけない！」ということです。行動の機能を考えることによって，セラピスト側にもクライエントさん側にもいろいろと見えてくるもの，気づきがあるでしょう。しかし，「行動の意味」である機能を考えたら，もう一歩，「なぜこの機能を持った行動をするのか？」というところまで踏み込んでください。変な言い方になりますが，つまり「機能の意味」を考えてください。例えば，「なぜこのクライエントさんは注意獲得の機能を持った行動をそもそもするのだろうか？」を少し広く考えてみましょう。「いや，それは先行事象と結果事象がこうだからだよ」というのは，確かにそのとおりなんですが，それだけでなく，クライエントさんの現在の生活やこれまでの人生を加味し，より広い視点で行動とその機能を見立てていくことが重要です。

＊13　機能的アセスメントはよく「機能分析」と呼ばれて，同じ意味で使用されていますが厳密には異なります。詳しくは第 7 章の脚注＊1 をご参照ください。

4.2　さまざまなオペラント条件づけの原理

(1) 消 去

行動が生起しているとき，基本的にそこには正の強化や負の強化といったなんらかの強化のメカニズムが動いているはずです。そのような場合に，行動の直後に生じていた強化子の付与や弱化子の除去がなくなってしまうと，その行動を徐々にしなくなります。それを**消去**といいます。

> **➡消去**
> これまで強化されていた行動に対して強化を中止すると，強化を導入する以前の状態までその行動が減弱すること。

図 4-18 に例を示しました。ボタンを押すとエサが手に入るというように訓練されたハトがいます。お腹がすくとハトはボタンを押し，エサを手に入れます。しかし，あるときからいくらボタンを押してもエサが出てこなくなりました。そうすると，ハトは次第にボタンを押すという行動をとらなくなります。

しかし，消去手続きを開始して，スムースに消去が始まるかというとそうで

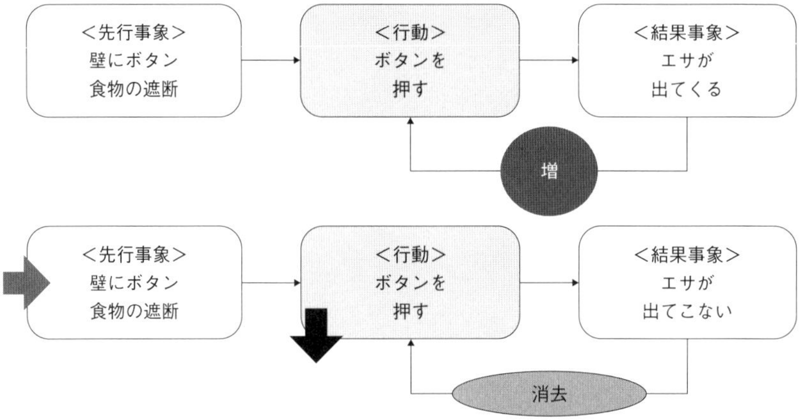

図 4-18　消去

はありません。

ひとつは，**消去バースト**という現象が伴います。これはある行動に消去手続きを開始すると，“一時的に”その行動の頻度や強度が爆発的に増えることです。自動販売機にお金を入れてボタンを押すと，必ず飲み物が手に入ります。しかし，もし，自動販売機にお金を入れてボタンを押しても飲み物が出てこなかったら，どうしますか？　きっとボタンを何回も押すでしょうし，ぐいぐい力をいれて押すでしょう。お釣りのレバーをがちゃがちゃやったり，叩いたりしてしまうかもしれません。このように，消去の際には消去バーストが生じることがわかっています。

さらに，**自発的回復**という現象も生じます。消去によってほとんど生じなくなった行動が，次の機会に一時的にまた生起することです。ある親子が買い物中に，おもちゃ売り場を通りました。そのとき子どもが「おもちゃを買って」と親におねだりしましたが，買ってもらえず，泣き叫んでころがって，おもちゃをさらに強くおねだりしました。しかし，結局買ってもらえず，その日は泣き叫ぶのをやめました。数日後，前回と同じおもちゃ売り場の前を通ると，子どもはまたおもちゃを買ってとおねだりしました……。これは自発的回復の一例です。

したがって，消去は一度で成立することはまずありえません。消去バーストや自発的回復を経て，消去手続きが繰り返されるなかで，だんだんと行動が消去されていくのです。なので，ある行動を消去で減らすというのは，そう簡単ではないんですね。

(2) 強化スケジュール

強化の仕方というのはさまざまです。たとえばハトがボタンを押すたびにかならずエサを与えるというやり方もあれば，ボタンを押したときにエサを与えたり与えなかったりするという方法で強化することもできます。この場合，前者を**連続強化**と呼び，後者を**部分強化**（**間欠強化**）と呼びます。そして，行動がどう強化されるかの規則を**強化スケジュール**といいます。強化スケジュールは**連続強化スケジュール**と**部分強化スケジュール**の２つに大別することができます。

➡連続強化スケジュール
行動するたびに必ず強化子が随伴する。
➡部分強化スケジュール
特定の頻度で行動に強化子が随伴する。

部分強化スケジュールは本当にさまざまな種類があります。よく知られているのは，固定比率スケジュール，変動比率スケジュール，固定時隔スケジュール，変動時隔スケジュールでしょう。その他にも多種多様な部分強化スケジュールがあります。詳しくは学習心理学の専門書籍にあたってもらいたいのですが，変動比率スケジュールについてはここで触れておきたいと思います。

変動比率スケジュールとは，強化が与えられるまでの行動の回数が毎回変化するやり方で強化されることです。7 回行動したら強化子が与えられ，次に 12 回行動したら強化子が与えられ，次に 10 回行動したら強化子が与えられる……。このように強化子が与えられる比率が毎回変動するやり方です。この変動比率スケジュールの代表例がパチンコやスロットです。パチンコやスロットは何回～何百回に 1 度当たりが出ますが，当たりが出るまでの回数は毎回異なります。50 回で当たりが出るときもあれば 300 回で当たりが出ることもあります。このやり方で強化されると，非常に速いペースで行動するようになります。なぜならいつ強化があるかわからないので，とにかくたくさん行動すればするほど，強化に出会える確率が高くなるため，休むことなくがんがん行動します。

また，変動比率スケジュールは，部分強化のなかでも消去抵抗が高いことで有名です。**消去抵抗**とは消去のしにくさのことです。消去を始めて行動をしなくなるまでにかかる時間や回数のことを指します。一般的に連続強化スケジュールよりも部分強化スケジュールのほうが，消去抵抗が高いことがわかっています。なので，変動比率スケジュールで行動が一度形成されるとなかなか消去できません。なお，行動形成が一番早いのは連続強化スケジュールですが，部分強化スケジュールのなかでは，変動比率スケジュールによる行動形成が非常に早いことも知られています。なので，変動比率スケジュールで強化されたものには，はまりやすく，はまるとなかなか抜け出せなくなりたいへんなのです。

これを臨床応用するのであれば，たとえば，行動形成されるまでは連続強化を用いて，その後，ある程度行動が形成されたら，その行動をしっかりと維持させるために途中から部分強化スケジュール，特に変動比率スケジュールに変えていくという工夫が考えられます。

4.3　行動の形成

(1) 行動レパートリー

私たちはこれまで生きてくるなかでさまざまな行動を身につけてきました。文字を書く，ハンバーガーをこぼさないように食べる，筆算で計算するなど……数えきれないほどたくさんの種類の行動を私たちは学習してきました。このような，今まで身につけてきたたくさんの行動の種類を**行動レパートリー**といいます。

➡行動レパートリー
その個体（生活体）が身につけている行動のすべて。

したがって，行動レパートリーにない行動はもちろんその個体から生起することはありません。

さて，みなさんは，私（筆者）のバック宙（後方宙返り）行動を強化しようと思いつきました（絶対にそんな状況はないですが，今この瞬間だけ，みなさんのやさしさで無理矢理そう思ってください。どうかお願いします）。みなさんは，私がこよなく愛してやまない「たけのこ型のチョコレート（強化子）」を手に持って，私がバック宙をしたらすぐにそのお菓子を渡して正の強化をしようと24時間，私から目を離さず待ち構えています。しかし，1日待てど，1週間待てど，1年待てど私からはバック宙行動が出てきません。~~物を食べてばかりです。~~強化ができません……。

あたり前の話ですが，私からバック宙行動がでてこないのは，私はバック宙ができないからです。言い方を変えれば，私の行動レパートリーにバック宙がないので，その行動は一切生起されません。しかしそうすると，このままでは私にバック宙をさせることが永遠にできない！

そうなのです！　ここまで学んできた強化や弱化（正の強化・負の強化／正の弱化・負の弱化）は，実際に行動が生じている場合において，その行動に対して強化したり弱化したりすることについてお話をしてきました。しかし，それだけだとその個体の行動レパートリーにない行動はいつまでも生起されず，強化できるチャンスが到来しません。これでは新しい行動を身につけることができなくなってしまいます。しかしながら，これまで私たちは人生を歩んでいくなかで，そもそも行動レパートリーになかった行動をたくさんできるようになっています。

(2) シェーピング

実はオペラント条件づけを応用することで，新しい行動を身につけるということが可能です。最も基本となる方法が**シェーピング**（**行動形成，反応形成**）と呼ばれる方法です。

➡ シェーピング（行動形成，反応形成）
新しい行動レパートリーを作っていくこと。
→目標行動：最終的に身につけたい行動。
→起点となる行動：すでに行動レパートリーにある行動で，目標行動と似ている，あるいは目標行動につながる行動。

たとえば，私がバック宙という新しい行動レパートリーを獲得する際，**目標行動**は「バック宙ができる」になります。それに向けて，バック宙の出発点となる起点となる行動を設定します。いろいろ私が調べたところによると「①両腕を後ろに振り上げて，膝を軽く曲げて真上にジャンプ」がスタートのようです[*14]。まずはそれを練習してできるようになります。それができるようにな

＊14　ここで紹介しているバック宙のプロセスは，バック宙のできない筆者が独自に調べてまとめたものです。必ずしも正しいプロセスではないかもしれないことをお含みおきください。ごめんなさい。

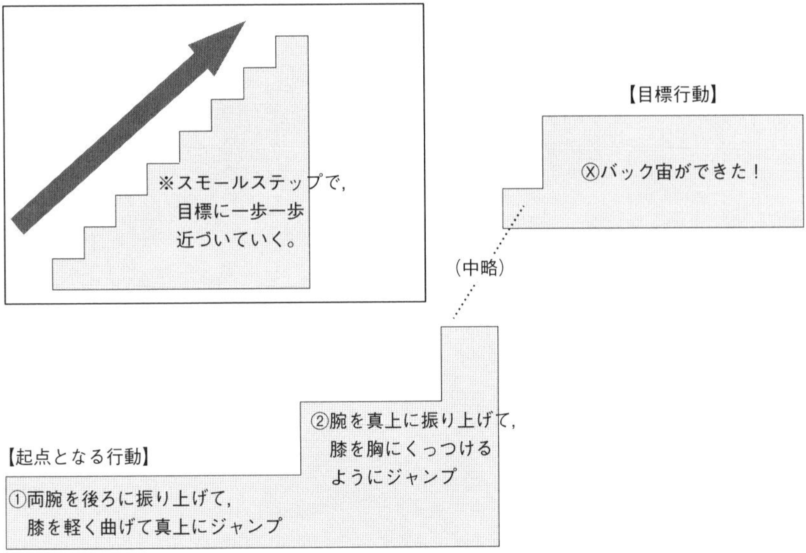

図 4-19　シェーピング

ったら，次のステップに進みます。次のステップは①両腕を後ろに振り上げて，膝を軽く曲げて真上にジャンプにプラスして，「②腕を真上に振り上げて，膝を胸にくっつけるようにジャンプ」となります。一生懸命練習してこれができるようになったら，次のステップに進んで……ということを繰り返して，最終的に私は「Ⓧバック宙ができる」という新しい行動レパートリーを獲得することができるのです（図 4-19）。

スモールステップなどと言ったりしますが，このように段階的に小さな目標を設定し，それをひとつひとつクリアして最終的に目標行動に近づけていきます。そのためには，**分化強化**という手続きが重要になります。

> **➡ 分化強化**
> 目標に近づく行動を強化し，それ以外の行動は消去すること。

先の例でいえば，「①両腕を後ろに振り上げて，膝を軽く曲げて真上にジャンプ」が最初の目標です。ですので，両腕を後ろに振り上げて，膝を軽く曲げて真上にジャンプができたらいっぱいコーチに褒めてもらえます（強化してもらえます）。しかし，両腕を振り上げないでジャンプしたり，前の方にジャンプしたりしてしまうと褒めてもらえません（消去手続きをされる）。その結果，両腕を後ろに振り上げて，膝を軽く曲げて真上にジャンプという行動だけ生起頻度が高くなり，その他の次の目標につながらない行動は生起しなくなるのです。そうして次のステップに進んでいくことができます。このように新しい行動を身につける際にはこの分化強化がとても大切になります。実は分化強化のやり方は複数あり，分化強化についてきちんとおさえておくことは，行動療法を実践する際に超重要です。この後も出てくるので，よく覚えておいてください。

シェーピングは，神経発達症の子どもの言語訓練などの心理支援にもたくさん応用されていますし，動物のしつけや水族館のイルカに芸を教える際などにも使われています。新しい行動を形成するときに用いられる最も代表的な方法です。

(3) 反応連鎖

複雑な行動は**反応連鎖**と呼ばれます。反応連鎖では，ひとつ前の行動（反応）が次の行動を生むきっかけ（いわば弁別刺激）となって，それが次々と繰り返されて，一連の行動になっていきます（図 4-20）。

➡反応連鎖
ある行動が次の行動を生む刺激となって，それが繰り返されて次々と行動が重なり，その結果ひとつのまとまった行動となっているときの一連の行動のこと。

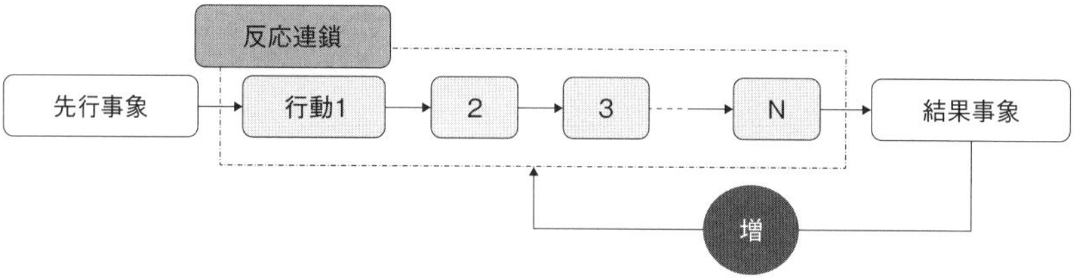

図 4-20　**反応連鎖**

「トイレで用を足す」という行動を例に挙げてみましょう。この行動は「トイレで用を足す」とひと言で表現することができますが，よくよく考えてみるとかなり複雑な行動の集積，つまり反応連鎖でできています[*15]。細かく見ていくとこんな感じでしょうか……

①トイレの電気をつける→②ドアを開けて入る，閉める→③便器のふたを開ける→④ズボン・パンツを脱ぐ→⑤便座に腰掛ける→⑥用を足す→⑦拭く→⑧便座から降りる→⑨パンツ・ズボンをはく→⑩便器のふたを閉める→⑪流す→⑫手を洗う→⑬手をふく→⑭ドアを開けて出る，閉める→⑮トイレの電気を消す

まさしくこれは反応連鎖のわかりやすい例です。

さて，今は，「トイレで用を足す」という反応連鎖になっている行動を，ひとつひとつの行動に分解しました。反応連鎖をこのように分解することを**課題分析**といいます。

➡ 課題分析
反応連鎖のような複雑でいくつもの行動が連なってひとつのまとまった行動になっているものを，個々の行動に分けること。

ここでは「トイレで用を足す」という反応連鎖を15個に分解しました。この分け方は適切なのでしょうか？　もっと細かく分けたほうがいいのでしょうか？　それとももっと大雑把にしたほうがわかりやすいでしょうか？　正解はありません。正解があるとすれば，目の前のクライエントさんに合わせて（クライエントさんのアセスメントに基づき），そのクライエントさんに合った細かさで分解することです。クライエントさんの状態に合わせて，課題分析の細

＊15　ここから示唆されることは，行動をとらえるときに，細かく細かくミクロにとらえることもできるし，もっともっと広い視点でマクロにとらえることもできるということです。特にマクロな視点は見落とされがちです。ある行動が生活のなかで，時間の流れのなかで，つまり大きな文脈や随伴性のなかで，どのような意味を持って動いているのか……？　このようなマクロな視点で行動を考えることが行動療法を実践する上で助けになることも少なくありません。ぜひミクロとマクロを行ったり来たりしてください。

かさを変えていきましょう。

（4）連鎖化

それでは，課題分析をして個々の行動に分解しましたが，個々の行動をつなげてひとつの反応連鎖を形成するためにはどうしたらいいのでしょうか？　そこで必要になってくるのが連鎖化です。**連鎖化**（chaining）とは反応連鎖を形成することをいいます。複雑な行動を身につける際に用いられます。

反応連鎖では一連行動の最後の行動が生起したときに初めて強化を受けます。たとえば，コンビニのおにぎりを食べるときは，まずおにぎりを袋から出すために，あっちをひっぱったり，こっちをひっぱったりして袋を開けます。袋から出せたら，それを手に持って，口に運び，おにぎりが口の中に入った瞬間に初めて強化を受けます。そして，その強化は一連の行動（反応連鎖）に対して生じます。そのため，おにぎりを落として途中で連鎖が切れてしまったり，袋を開ける前に口に運んでしまうというように順番を間違えると，適切な反応連鎖にならず強化を受けることができなくなってしまいます。そのため，連鎖化の際には，正しい順序で，行動の連鎖が切れないようにひとつひとつ確実に行動をつないでいくことが重要です。

なお，連鎖化には順向連鎖化と逆向連鎖化があります（図 4-21）。順向連鎖化は，最初の行動を強化し，次に最初と 2 番目の行動ができたら強化するというように最初から順番に連鎖を作っていく方法です。一方，逆向連鎖化は，反応連鎖における最後の行動から開始して，最初の行動に向かって連鎖を作っていく方法です。スモールステップでひとつひとつ行動をつないでいくことが基

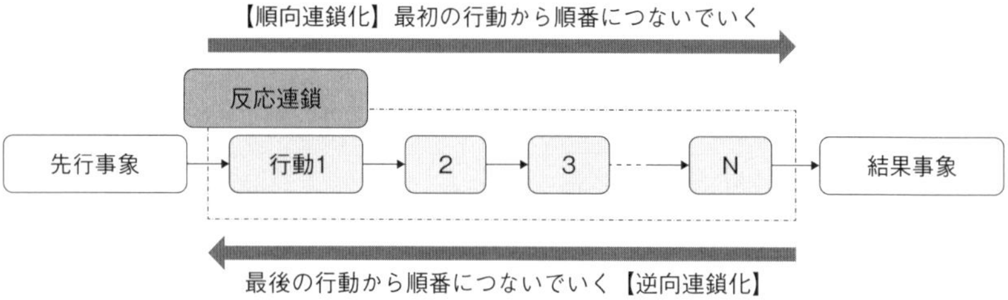

図 4-21　**連鎖化**

本です。

たとえば,「ボタンが5つあるパジャマを子どもが一人で着る」ことを目標にしましょう。順向連鎖化で反応連鎖を形成していく場合は，1日目は1つめのボタンを子どもがとめられたら強化し，残りのボタンは親がとめます→2日目は1つめと2つめのボタンを子どもがとめられたら強化し，残りのボタンは親がとめます……と5日目までやって，最終的に子どもが自分ですべてのボタンをとめられるようにしていきます。他方，逆向連鎖化で反応連鎖を形成していく場合は, 1日目は1つめから4つめまでのボタンを親がとめて, 5つめのボタンを子どもがとめられたら強化します→2日目は1つめから3つめまでのボタンを親がとめて，4つめと5つめのボタンを子どもがとめられたら強化します……と5日目までやって，最終的に子どもが自分ですべてのボタンをとめられるようにしていきます。

基本的に行動の連鎖化では，順向連鎖化よりも逆向連鎖化のほうが効果的であるといわれています。逆向連鎖化だと反応連鎖の最後の行動から始めるので,最初の訓練から強化子を獲得できます。そのため，うまくいきやすいようです。

そして，反応連鎖を断ち切りたいときには，反応連鎖の個々の行動と強化子の距離が利用できます。たとえば，筆者は夜にコンビニへ行き，串に刺さったからあげを購入し，食べてしまいます。この行動は反応連鎖していますので，課題分析をしてみましょう。

①財布を持つ→②家を出る→③歩いて近くのコンビニに行く→④からあげを購入する→⑤家に戻る→⑥袋を開ける→⑦串を持つ→⑧からあげを食べる→うまい（強化）

となっています。このとき，からあげが目の前にあって串を持っている状況では，からあげを食べるという行動を止めることはまず無理です。いや絶対に無理です。しかし，最初の「財布を持つ」という行動は強化子から遠いので，串を持っている状況でからあげを食べるという行動よりはずっと止めやすいのです。このように，もしなにか止めたい行動が反応連鎖しているのであれば，強化子から遠いところで連鎖を断ち切るなんらかの工夫が役に立つことがあります。

(5) プロンプト

ここまで行動の形成についてたくさんのことを学んできましたが，シェーピングや連鎖化で行動形成をしていくのは，とても時間と労力がかかりそうです。もっと効率のいい方法はないのでしょうか？　それにはプロンプトと観察学習が挙げられます。観察学習は第 6 章で詳しく解説しますので，ここではプロンプトについて説明をしていきます。

プロンプトとは，正しい行動が起きる確率を高める補助的な刺激のことです。プロンプトにはさまざまな種類があります。詳しくは表 4-3 にまとめました。プロンプトを効果的に用いることによって，効率的に行動形成ができるようになります。

誰かから物をいただいたときに「ありがとう」と言う発話を子どもに身につけてほしい場合を想定してみましょう（図 4-22）。そんなときにプロンプトは有効です。たとえば，子どもの横で親が子どもに「ありがとうって言うんだよ」と言語プロンプトを出すと，「ありがとう」と子どもが発話する可能性が高まります。あるいは，親が横で「ありがとうございます」と言ってみせると，子どもも「ありがとう」と言ってくれるかもしれません（モデルプロンプト）。

しかし，プロンプトがないと，「ありがとう」という発話が生起しないのでは

表 4-3　プロンプトの種類

【反応プロンプト】	例
身体プロンプト	手を持って正しい動きを補助する
モデルプロンプト	お手本としてやってみせる
身振りプロンプト	指さしやジェスチャー
言語プロンプト	ことばで指示する
【刺激プロンプト】	
刺激内プロンプト	赤字にして目立たせる
刺激外プロンプト	作業の手順書

（高浜，2019 を参考に筆者作成）

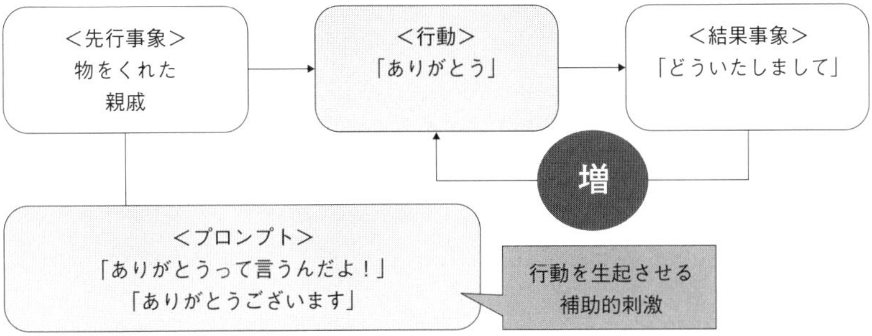

図 4-22 **プロンプトの例**

困ります。最終的には親がいなくても（プロンプトがなくても），「ありがとう」と言えるようになってもらう必要があります。つまり，プロンプトによって行動をコントロールしても不十分であり，プロンプトがなくても行動が生起するようになることがゴールです。そこまでできて初めて「ちゃんと行動が形成された」といえるでしょう。そのために，徐々にプロンプトを減らしていく，**フェイディング**という手続きが用いられます。

フェイディングも方法はさまざまです。たとえば，先の例で言えば，「ありがとうって言うんだよ」→「お礼を言おうか」→「いただいたらなんていうの？」→「ほら」などと，段階的にプロンプトを減らしていく方法があります。ほかには，プロンプトを出すタイミングを遅らせるという方法などもあります。このようなフェイディングをしていくことで，最終的にプロンプトなしに，弁別刺激だけで行動が生起するようになれば，行動形成は完了です。

シェーピングや連鎖化だけでなく，プロンプトや観察学習を用いることで，行動レパートリーにない新しい行動でも効率的に獲得することができるのです。

（松野航大・嶋大樹・原真太郎）

引用・参考文献

Cooper, J. O., Heron, T. E., & Heward, W. L. (2007). *Applied Behavior Analysis* (2nd ed.). Pearson Education.（クーパー，J. O.・ヘロン，T. E.・ヒューワード，W. L.　中野 良顯（訳）(2013). 応用行動分析学　明石書店）

実森 正子・中島 定彦（2019）．学習の心理 第 2 版 —— 行動のメカニズムを探る ——　サイエンス社

Mazur, J. E.（2006）. *Learning and Behavior*（6th ed.）. Pearson Education.（メイザー，J. E.　磯 博行・坂上 貴之・川合 伸幸（訳）（2008）．メイザーの学習と行動 日本語版 第 3 版　二瓶社）

高浜 浩二（2019）．プロンプト　日本行動分析学会（編）行動分析学事典（pp. 450-453）　丸善出版

5 言語行動，ルール支配行動，関係フレーム理論

5.1 ことばと行動

(1) ことばを使う，考えるということ

レスポンデント条件づけとオペラント条件づけなどの動物実験の知見から導出された各原理は，ヒトにも適用可能です。ですが，ヒトは他の動物とは異なり，ことばを使って複雑なことを考えます。予定を立ててその通りに行動したり，過去の失敗を反すうしてうつうつとしたり，将来を心配して不安になったりします。

こうした“考える”ことによってもたらされる心理行動的問題の代表がうつ病です。その治療を得意としているのは認知療法を代表とする第2の波でした。そこでは，“考える”ことを行動とは異なる認知として分析し，成果を上げてきました。では，学習の原理では“考える”ことを扱えないのでしょうか。

(2) 行動分析学に基づくことばの理解

Skinner, B. F. は“考えること”について1930年代より考察を始め，1957年に『*Verbal Behavior*』を出版しました[*1]。そこでは話し手の行動として言語行動が定義され，ことばの使用はオペラント行動として分析可能であることが示

＊1　この書籍は，ヒトは生得的に言語機能を有するという仮説を唱えたChomsky, N.（チョムスキー）によって厳しく批判されました。しかし，Chomskyや他の言語学者の批判には，誤解に基づくものや的外れな点も多いことが指摘されています（Palmer, 2006）。

されました。つまり，第１章でふれたように，“認知”は他の顕在的行動と同様に，三項随伴性の枠組みで分析される“行動”だということです。そして，認知は他の行動の原因ではなく，環境要因によって影響を受ける変数として位置づけられます。

さらに 1960 年代以降には，聞き手の行動としてルール支配行動が定式化されました。これは，問題解決に関する考察から Skinner が整理した概念で，言語刺激を弁別刺激とする行動です。「こちらのお料理はそのまま手でお取りになって食べてください」と言われたら（弁別刺激），私たちはその食べ物を手でつかんで食べます（行動）。言語刺激は行動に影響を与えます。指示に従ったり，依頼に応えたりすることはルール支配行動として理解することができます。

なお，“考えること”は，頭の中で生じる言語行動として理解することが可能でしょう。これは，個人が自分の中で話し手と聞き手の二役をこなしている状態です。このようにとらえると，行動分析学の枠組みで認知（思考など）を分析し，それを行動として扱うことができるようになるのです。

以上のように，ことばに関する行動分析学的な理解は，言語行動とルール支配行動が中心です。ただし，それらでは，初めて聞く指示に正確に従うこと，考えるだけで不安や身体症状が生じることなどの説明が困難でした。これらは 1990 年代以降に展開した関係フレーム理論で補完されることになります。

以下では，言語行動とルール支配行動の観点から“考えること”をどのように扱うかに触れ，続けて関係フレーム理論を取りあげて，現代的な言語行動理論に迫っていきます[*2]。

＊2　ことばに関する理論は，関係フレーム理論以外にも提案されています（e.g., 関係密度理論，relational density theory; Belisle & Dixson, 2020. ネーミング理論，naming theory; Horne & Lowe, 1996）。ただし，行動療法の第３の波に大きく関わるのは関係フレーム理論です。そのため，本章では関係フレーム理論を詳しく扱います。

＊3　どちらも Skinner による造語です。マンド（mand）は demand（要求）や command（命令）が，タクト（tact）は contact（接触）がもとになっています。後者は，環境中の事象・出来事を報告する際に，そうした事象に触れることが関わります（杉山他 , 2023）。

5.2 言語行動とルール支配行動

(1) 話し手の行動――言語行動

言語行動は,「聞き手の媒介を通して強化される行動」であると定義され,聞き手は「話し手の行動を強化するために正確に条件づけられた方法で反応する」とされます(Skinner, 1957)。佐藤(2023)では,「同じ言語共同体に属する他の成員のオペラント行動を介した強化によって形成・維持されているオペラント行動。そして,他の成員による強化をもたらすオペラント行動は,その言語共同体特有の行動随伴性のもとでオペラント条件づけされたものである」と定義されています。……ちょっと難しいですよね⁉ そこで,これらをふまえてこんな感じに表現してみました!

> **➡言語行動**
> 音声や文字など言語的刺激を用いたコミュニケーションに関わる行動。

言語共同体とは,同じ随伴性のもとで特定の言語を共有する集団です。日本語話者の集団,特定の年代にのみ伝わる語彙を使用する集団,行動療法学習者特有のことばを共有する集団などです。つまり,言語行動の形成・維持には,

①聞き手の行動の媒介(話し手が言語を発したとき,聞き手が受け取り,聞き手が話し手を強化する)
②聞き手が話し手を強化するような学習をしていること(聞き手が話し手の言語行動に対して適切な強化の仕方が身についている)

が必要となります。

さて,随伴性の観点から言語行動を分類すると,表 5-1 に示した 7 つが基本形として整理されます。ここでは,特に行動療法の文脈で重要となる,マンドとタクトを概観しましょう*3。

表 5–1　言語行動の分類とその概要

<table>
<tr><th colspan="3">先行事象
（制御変数）</th><th>言語行動の分類</th><th>強化子</th><th>概要</th><th>例</th></tr>
<tr><td colspan="3">確立操作</td><td>マンド
（要求言語行動）</td><td>特定</td><td>自分が欲しい強化子を要求する行動</td><td>水分摂取が制限されている状態で「水をください」と言い，水をもらう</td></tr>
<tr><td rowspan="6">弁別刺激</td><td colspan="2">環境の事物・出来事</td><td>タクト
（報告言語行動）</td><td rowspan="6">般性</td><td>環境の事物，出来事，特徴などを記述，報告する行動</td><td>水たまりを見て「水だ」と言い，「そうだね！」と肯定される</td></tr>
<tr><td rowspan="5">言語刺激</td><td rowspan="2">音声</td><td>エコーイック
（音声模倣行動）</td><td>他者の言ったことを聞いて反復する行動</td><td>「これは水だよ」という音声刺激に対して「水」と言い，「そうそう，水だよ！」と称賛される</td></tr>
<tr><td>ディクテーション・テイキング
（書き取り）</td><td>他者の言ったことを書き取る行動</td><td>「水」という音声刺激を聞いて『水』と書き，「そうね」と肯定される</td></tr>
<tr><td rowspan="2">文字</td><td>テクスチュアル
（読字）</td><td>書かれた文字を読む行動</td><td>『水をください』という文字刺激を見て「水をください」と読み，「そうだね」と肯定される</td></tr>
<tr><td>トランスクリプション
（書き写し）</td><td>書かれた文字を書き写す行動</td><td>『水をください』という文字刺激を見て『水をください』と書き，「合ってるよ！」と称賛される</td></tr>
<tr><td>音声・文字</td><td>イントラバーバル
（言語間制御）</td><td>言語刺激に対して，それとは直接対応しない言語反応を自発する行動（質問への回答や連想など）</td><td>「寝耳に？」という問いに対して「水」と言い，「正解！」と称賛される</td></tr>
</table>

（小野，2016；霜田，2019；杉山他，2023 を参考に筆者作成）

まずは**マンド**です。マンドは要求言語行動と呼ばれ，一般的に要求や命令という形式をとります。マンドでは話し手が求める強化子が特定されており，その強化子と関連する確立操作によって制御されます。たとえば，何時間も水分摂取ができない状況を考えましょう。その場合，水の強化価が高まり，水分要求行動が生起しやすくなります（第４章参照）。この場面で，「水をください」と言うことで水をもらった経験を有していれば，そのマンドが出現しやすくなります（図 5–1）。なお，強化子は何でもよいわけではありません。水が遮断

マンド

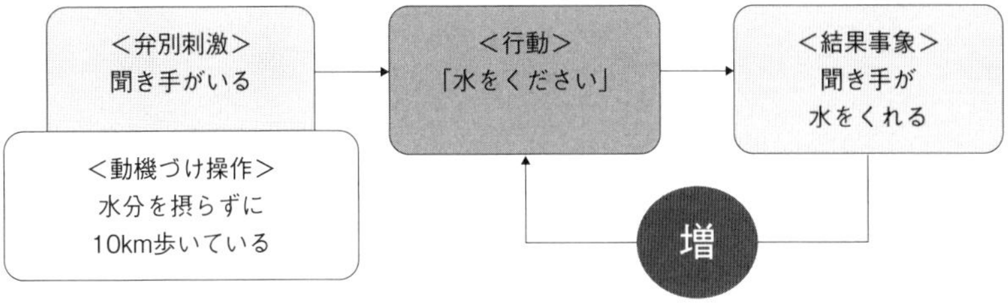

図 5-1　**マンドの随伴性**

された状態でしっかり茹で上がったぼくぼくのゆで卵をもらっても，それが強化子として機能する可能性は著しく低いでしょう。要求する強化子を適切に得られることが，マンドが維持する要件なのです。

また，言語行動は機能によって分類されるため，形態からマンドであるかを特定できません。マンドの場合は，確立操作–言語行動–強化子間の機能的関係が重要です。何時間も歩いた後に友人が水を飲んでいるのを見て，「おいしそうだね」と発言した場面を考えましょう。発言内容をだけを切り取ると，後述するタクト（報告言語行動）のように思われます。ですが，ここでの「おいしそうだね」の機能は「その水をください（要求）」です。この発言に指定する強化子（水）を得た経験が関与するならば，マンドの機能を有することになります。さらに，言語行動では必ずしもことばを発することは求められず，多様な反応形態を取り得ます（霜田，2019）。たとえば上述の状況で水をただただじっと見つめて，結果として水が得られるということもあり得ます。ここでは発話はありませんが，確立操作–行動–強化子の機能的関係が認められます。そのため，水を見る行動はマンドとして分析できるのです。

続いて紹介するのは**タクト**です。タクトは報告言語行動とも呼ばれ，環境中の出来事や事象を記述・報告する機能から定義されます。タクトは，出来事や事象と聞き手を弁別刺激として生起します。たとえば，聞き手とともに河原に行き，「川だ！」と言うことが相当します。聞き手は，その弁別刺激と言語行動の一致に基づいて「川だ！」というタクトを強化します（図 5–2）。上記場面での「山だ！」という発言は，弁別刺激と一致しないため強化されません。この

タクト

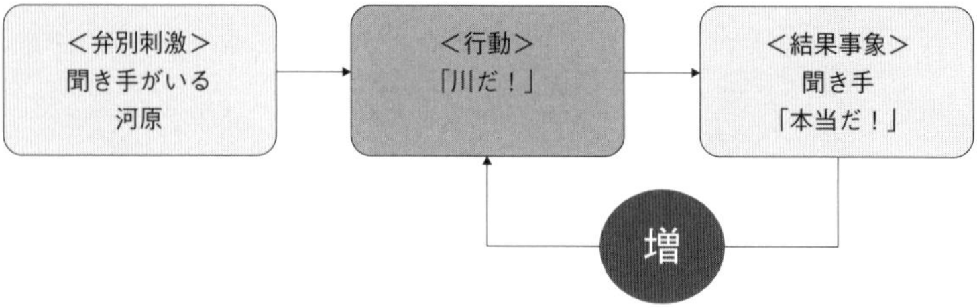

図 5-2　**タクトの随伴性**

ときの強化子は「般性条件性強化子」（さまざまな行動に強化的機能を有する刺激）と呼ばれるもので，自然なタクト場面では称賛，肯定，笑顔などが相当します（井上, 2019）。このような弁別刺激–言語行動間の一致の反復強化により，聞き手と共有しない事実（e.g., 過去の経験，他者の振る舞い，痛みや感情などの内的状態＊4）についてのタクトも可能になります（井上, 2023）。

タクトと弁別刺激との関係は主題的一致と呼ばれます。弁別刺激とタクトの対応関係が厳密に一致しなくてもよいのです。先述の河川の例では，話し手に「小川だね」「鴨川だ！」といった反応や，「流れが速いね」「水が澄んでいるね」などの属性や特徴に関する反応も生じ得ます。これは，河川だけでなく，聞き手もタクトを制御する機能を有しているためです。聞き手や他の文脈刺激によってタクトの強化履歴が異なるため，同じ弁別刺激を見てもタクトの内容が異なるのです（井上, 2023）。

また，タクトは常に事実を記述するとは限りません。純粋なタクトは事実を正確に記述しますが，日常的にはそのようなタクトはあまり生じません。なぜ

＊4　観察可能な出来事や事象（公的出来事）のタクトは，話し手と聞き手がそれを共有可能であるため比較的獲得しやすいですが，共有不可能な身体内部の状態（私的出来事）のタクト訓練には困難が伴います。Skinner（1957）は，私的出来事のタクトを教える方法として4つの可能性を指摘しました。それは，①公的出来事が私的出来事に伴って生じる場合（例：転倒が痛みと併存する），② 私的出来事と同時に確実に生じる反応がある場合（例：悲しみと落涙が併存する），③ 対象となる私的出来事が，タクト可能な公的出来事と共通特性を有する場合（例：刺すような痛み），④ 公的出来事を手がかりとするタクトで，その出来事が観察不可能になったとしても，それが私的出来事として機能する場合（例：赤面を手がかりに「恥ずかしい」というタクトが獲得され，その後，赤面という公的出来事が他者から観察できないくらい（自分でしかわからないくらい）の小さな反応となったとしても，そのわずかな赤面が「恥ずかしい」というタクトの手がかりとなる私的出来事として機能する場合）です。

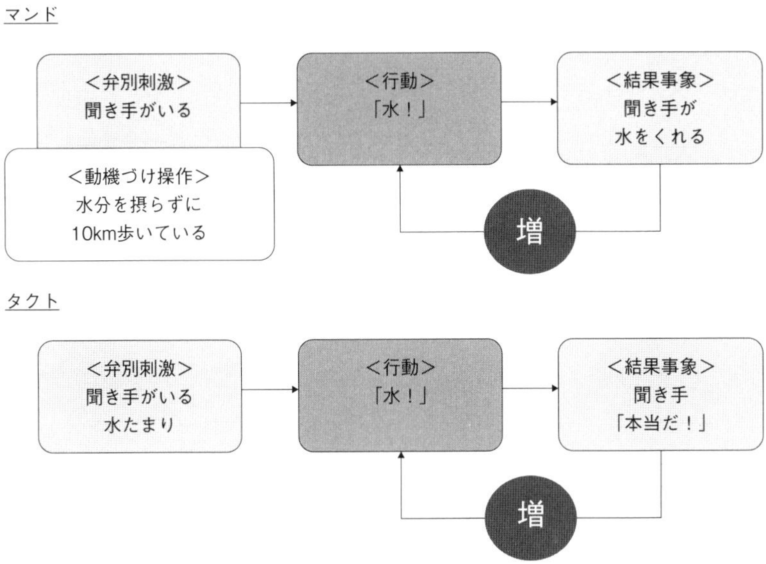

図 5-3 マンドとタクトの随伴性

なら，言語行動はさまざまな環境要因の影響を受けるからです。このことは**多重制御**（Skinner, 1957, p. 227）と呼ばれます。多重制御を受ける反応，たとえば誇張やウソは，不純なタクトといえます。

以上のように，言語行動もその他の行動と同じく，環境との相互作用という観点から分析をします。マンドとタクトの随伴性の模式図を図 5-3 に示しました。この図では「水！」ということばの内容は同じですが，上がマンドで下がタクトで，それぞれの「水！」という言語行動の機能が異なるのがわかると思います。このように言語行動を機能の観点から分析することで，ことばの内容にとらわれて適切な支援ができなくなることを防ぐことができるのです。たとえば，行動療法では**セルフモニタリング**という自身の行動を観察し，私的出来事，環境などを適切にタクトするスキルを身につける戦略を採用します（三田村, 2017）。自分の気持ちをことばにするなどがこれにあたります。支援では，クライエントさんのタクトの強化を試みますが，記述・報告に見える発言が実はセラピストの承認によって強化されるマンドであったということが起こり得ます（例：セラピストからの承認を得るために，褒めてもらえそうな良い出来事だけを伝えるなど）。これは，ことばの内容に注目していては気づけない事態であり，機能を分析することによって支援者は適切な対応を選択できるのです。こうしたクライエントさんの言語行動に注意を払う心理療法には，**機能分析心理療法**（Kohlenberg & Tsai, 1994）が代表として挙げられます。

さて，話し手の行動としての言語行動を扱ってきましたが，話し手がいれば当然聞き手が存在します。そして聞き手の行動もまた，環境との相互作用の観点からオペラント行動として分析されます。

(2) 聞き手の行動――ルール支配行動

聞き手はことばを手がかりとしてさまざまな行動を自発します。ことばは言語的な弁別刺激となり，聞き手の行動に影響を与えます。このような形式の行動は**ルール支配行動**と呼ばれ，そうした行動を制御するような随伴性を記述した言語刺激を**ルール**と呼びます。たとえば，「寺町通にある和菓子屋さんがおすすめだよ」と言われて（弁別刺激），それに従って初めてそのお店を訪れる（行動）のはルール支配行動といえます。

> ➡ **ルール支配行動**
> 随伴性を記述した言語刺激（ルール）によってコントロールされる行動。

ルール支配行動は，第4章で扱った直接的な随伴性によって形成・維持される行動（**随伴性形成行動**）とは区別されます[＊5]。ルール支配行動では直接的な試行錯誤学習を必要としないため，初めて経験する場面でも，ある程度は適切に振る舞えるのです。たとえば，初めて横断歩道をわたるときに，「右見て。左

＊5　ややこしいのですが，ルール支配行動それ自体はルールに従う行動の結果によって維持される随伴性形成行動です。つまり，「ルールに従う」という行動そのもの（ルール支配行動そのもの）も強化されたり，弱化されたりするということです。そのため，ルール支配行動の過剰による問題の解決のために，ルールを変える戦略だけでなく，ルール支配行動自体を弱める随伴性の設定という戦略が想定可能になります（武藤，2015）。たとえば，考え（ルール）よりも現実に注目を促すような関わりが挙げられます。論理（頭の中の世界）よりも体験（五感の世界）についての報告を強化するような方法がその一例です。

見て。車が来ないのを確認してから横断歩道を渡りましょう」と教われば，ある程度そのとおりに行動することができます。また，ヒトはルールを伝達することで，個人が経験できないことに基づく知識や行動レパートリーを蓄積できます。「この機械が止まってしまったら，あのボタンを押しながら，こっちのレバーを引っ張るんだぞ！」と教わることで，やったことがなくても「ボタンを押しながらレバーを引く」という行動が行動レパートリーとして蓄積されます。ルール支配行動は，文化の形成や継承にもひと役買っているのです。

ただし，ルール支配行動も万能ではありません。ルールで実際の随伴性を完璧に記述することは困難であり，口では説明できない感覚の学習などは困難です。さらに，ルール支配行動が形成されていると，ルール支配行動に反するように随伴性が変更されても行動修正に時間がかかるという問題もあります。最初にあるやり方がいいと信じてしまう（ルール支配行動が形成される）と，実際は他のやり方のほうが良かった事実があった（随伴性の変更）としても，なかなかやり方を変えることができません。特に，環境変化に対する感受性の低下（環境変化に気づきにくくなる）という特徴は多くの実験研究で示されており（e.g., Shimoff et al., 1981; Hayes et al., 1988），それが心理行動的な問題とも関わることが指摘されています（Hayes et al., 2017; Törneke et al., 2008）。

言語行動にはいくつかの分類が提案されていましたが，ルール支配行動も同様です。その区分は，プライアンス，トラッキング，オーグメンティングです。これらも行動の形態ではなく，機能に基づく分類です。

まずは**プライアンス**です。これは，ルールと行動の一致に対する，話し手が媒介する結果によって制御されるルール支配行動です。ルールに従った実際の結果ではなく，話し手による社会的強化によって維持される行動を指します。プライアンスを引き出すルールは**プライ**と呼ばれます。「寺町通にある和菓子屋さんがおすすめだよ（ぜひ行ってね）」という助言に従って店を訪れ，話し手の「行ってくれたんだね。どうだった？」といった反応によって強化される場合が相当します。プライアンスに影響を与える結果の効力には，さまざまな要因が関与します。たとえば，話し手が聞き手のルール追従をモニターできる程度，話し手の強化子呈示能力，聞き手にとっての結果の重要性，聞き手の学習歴，話し手の信頼度などです（Zettle & Hayes, 1982）。

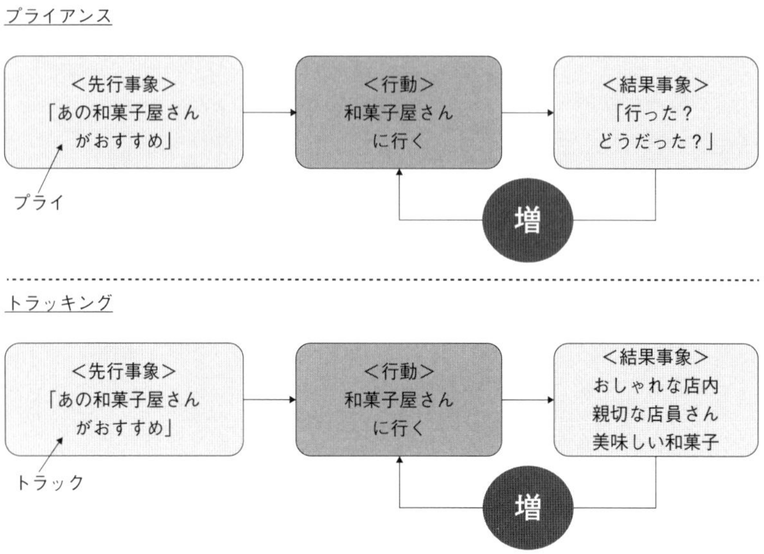

図 5-4　**プライアンスとトラッキングの随伴性**

プライアンスはマンドに対応する行動です。日常的には要求に応える行動といえるでしょう。ただし，実際には依頼や要求に対して反対の行動をとることも多々あります（e.g.,“反抗的な”中高校生，「権力者には従わない！」）。これらはカウンタープライアンスと呼ばれ，機能的にはプライアンスの一種として理解されます。たとえば，弟から「真似をしないで」と言われているのに，弟の真似をし続ける兄の行動は，カウンタープライアンスに当てはまると考えられます。ここでは，弟の嫌がる反応（社会的な結果）によって兄の真似という行動が強化されているため，プライアンスと機能的には同じということになります。

2つめは**トラッキング**です。これはタクトに対応するもので，ルールと実際の随伴性の一致によって制御されるルール支配行動です。トラッキングを引き出すルールは**トラック**と呼ばれます。「寺町通にある和菓子屋さんがおすすめだよ（ぜひ行ってね）」という発言に従って店を訪れ，雰囲気や和菓子そのものによって強化される場合が相当します。

上記のプライアンスとトラッキングの例では，同じルールに従うという点で形態的には同じ行動ですが，機能が異なるために別の分類になります（図5-4）。ただし，当初はプライアンスとしての機能を有していた行動が，実際の随伴性に触れることでトラッキングへと変化するなどの相互作用が想定される点にも注意を払う必要があるでしょう（小野 , 2023）。

さて，最後は**オーグメンティング**です。これは，ある出来事の強化子や弱化子としての機能の変更によって制御されるルール支配行動です。オーグメンティングを引き出すルールは**オーグメンタル**と呼ばれます。「あの和菓子屋さんの限定商品がすごく美味しいんだって」という発言によって，店に足を運ぶ確率が高まる場合が相当します。オーグメンタルは，主としてトラックやプライと組み合わさり，それらの影響力を変容します（Zettle & Hayes, 1982）。

オーグメンタルはさらに形成オーグメンタルと動機づけオーグメンタルに分類されます（Hayes & Wilson, 1993）。形成オーグメンタルはルールで言及されている結果の強化 / 弱化機能を確立するもので，動機づけ要因を作り出します。行動療法を学び始めたばかりの学生が，「優秀なカウンセラーになりたいなら，『すいすい学べる認知行動療法』を読まないと」という教員の発言を聞き，これまで興味のなかった『すいすい学べる認知行動療法』を手に取ったのであれば，書籍の強化機能が教員の発言によって確立されたということです。また，動機づけオーグメンタルはすでに確立された強化 / 弱化的な結果の影響力を一時的に変容するもので，動機づけ要因を目立たせます。「新学期セール！　行動療法関連書籍 20%引き！」という広告は，行動療法関連書籍がすでに持つ強化機能を際立たせ，書店に向かう可能性を高めるかもしれません。このように，オーグメンタルは動機づけを変容する機能を有するため，言語的確立操作とみなされます（Hayes et al., 1989）*6。

以上のように，私たちはルールを生み出し，それを手がかりとして危険回避や複雑な問題の解決ができます。一方，ルールに従うことで自然な随伴性への感受性が弱まる（気づきにくくなる）という問題もあります。また，反すうや心配など，聞き手と話し手の二役をこなす状態が過剰になると，現実の環境との相互作用が疎かになり，心身機能にネガティブな影響が生じます（山本 ,

＊6　第4章の動機づけ操作を併せてご参照ください。なお，この文における確立操作は動機づけ操作と同じ意味で使われています。

2023)。こうした問題は，どのように生じるのでしょうか？　未経験の状況で，ルールを聞くだけで行動を変容できるのはなぜでしょうか？　こうした問いに迫るために，次は関係フレーム理論を紹介していきます。

5.3　関係フレーム理論

(1) 恣意的に刺激を関係づける行動

関係フレーム理論（relational frame theory: RFT）は，ヒトの言語と認知に関する行動分析学的な基礎理論です（Hayes et al., 2001)。1980 年代中盤から研究が始まり，RFT に基づく心理療法の確立や RFT の直接的な心理的支援への応用が展開されています。RFT ではヒトの言語や認知に関わる行動を**関係フレームづけ**と呼び，刺激どうしを関係づけることとして分析します。

刺激どうしを関係づけるとはどういうことでしょうか。私たちは，物事の関係を学び，それに基づいて反応します。たとえば，アリとゾウで小さいほうを選ぶ，3 個入りと 5 個入りのチョコで多いほうを取るといったことです。このような刺激間の関係に基づいた反応を**関係反応**と呼びます。物理的な関係に基づく“非恣意的に適用可能な関係反応”は，ヒト以外の動物でも成立します (e.g., Harmon et al., 1982)。一方ヒトは，恣意的な関係に基づく反応を学習することができます。たとえば，10 円玉と 50 円玉で“大きいほう”と言われて，50 円玉を選ぶといったこと（物理的には 10 円玉のほうが大きいですよね）や，実際の水・文字の『みず』・/mizu/ という音・水の写真や絵を，“同じもの”として扱うことです（それぞれに物理的な類似性はありません。それぞれの関係は必然ではないので，恣意的といえます)。こうした非物理的な関係に基づくものは“恣意的に適用可能な関係反応”です。この用語は「関係フレームづけ」と同義ですので，以降は関係フレームづけで統一します。

わかりやすくまとめると，“物理的類似性のない刺激どうしを勝手気まま（恣意的）に関係づける行動”が関係フレームづけです。そして，それには刺激関係の派生と刺激機能の変換という，2 つの大きな特徴があります。

(2) 刺激関係の派生

1つめの特徴は刺激関係の派生です。これは，ひとたび関係フレームづけのパターンを学習すると，さまざまな刺激間の関係づけが無限かつ多様に広がることを意味します。「水」ということばを学ぶ場面を考えてみましょう。親は子どもに実物の水を見せて，「これは /mizu/ って言うんだよ」と声かけをします。そしてそれによって子どもが /mizu/ と発話したら称賛等によって強化します。そうすると，子どもが実物の水を見て，/mizu/ と言う反応が確立されます。これは一般的なオペラント学習です。さて，ここで親が「/mizu/ はどれ？」と言いながら，コップに入った水，クッキー，皿を見せたらどうなるでしょう。多くの子どもは，コップに入った水を選択します。あたり前のことのように思われますが，本当にそうでしょうか？　実際に学習したのは，実物（水：弁別刺激）→音（/mizu/：言語行動）の学習のみで，その逆の音（/mizu/ という言語刺激：弁別刺激）→実物（水を選択：行動）という練習はしていません。なのにそれが成立してしまう。オペラント条件づけの枠組みで考えると，これは不思議な現象です。同様に，水を見せながら，「こうやって書くんだよ」と『みず』という文字を教えると，今度は『みず』という文字を見るだけで実際の水を選択できるようになります。こうした未学習の反応が派生する現象は，**相互的内包**と呼ばれ，現時点でヒト以外での成立に関する十分な根拠は示されていません。

さらに，相互的内包に加えて別の反応も派生されます。それは，/mizu/ と聞いて『みず』を書く（またはその逆に『みず』をいう文字を見て /mizu/ と言う）ことです。水→/mizu/，それから，水→『みず』は訓練しましたが，/mizu/ と『みず』は訓練されていません。この例では音↔文字の関係で，各刺激を一緒に呈示したことがなくても生じます。こちらは，**複合的内包**と呼ばれる反応パターンです。いくつかの直接経験で別の関係が練習なく成立するため，非常に効率的な学習が可能になります。これらの特徴により，ヒトは膨大な刺激間関係を直接経験なしに確立することができます。こうした反応パターンは派生的に生じるため，**派生的関係反応**とも呼ばれます（図 5-5）。

上述の例では刺激が等位（同じ）関係に置かれましたが，関係性にはさまざまな種類があります。たとえば，相違，比較，時間，空間，因果，階層などで

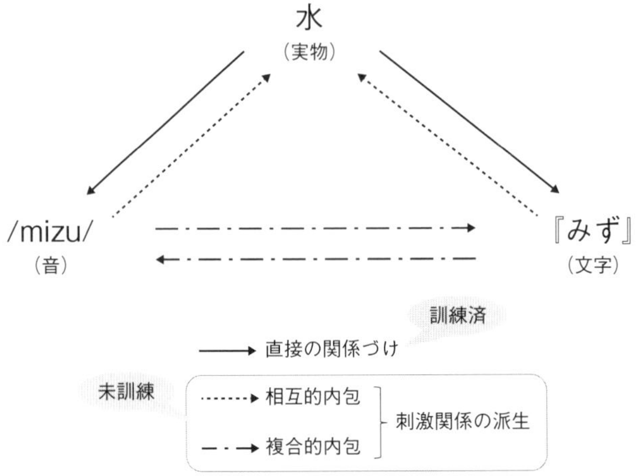

図 5-5　**刺激関係の派生**

す（Hayes et al., 2001）。こうした刺激間関係を表現する用語が**フレーム**です。「水とお湯は違う」には相違の，「水よりお湯が熱い」には比較のフレームが関与します。これらのフレームを組み合わせることで，複雑な事象を記述したり，予測や比較をしたりすることが可能になります[*7]。

私たちはどんな刺激でも関係づけられますが，未学習の新奇刺激どうしでの関係フレームづけができるのはなぜでしょうか。それには，幼少期からモノ→名前，名前→モノという関係の訓練を複数の実例を用いて繰り返すことが関与します。こうした**複数の範例による訓練**により，刺激どうしを関係づけ，派生させる機能を持つ行動パターンを発達させて，扱う刺激が何であれ関係づけられるようになるのです。つまり，“関係づけるという行動そのものが獲得される”のです。このような，特定の機能（ここでは，関係づけ）を抽象化した行動パターンは**般化オペラント**と呼ばれます（Barnes-Holmes & Barnes-Holmes, 2000; 長谷川 , 2016）。

＊7　刺激関係の派生については，RFT が定式化される前に Sidman, M.（シドマン）が刺激等価性という枠組みで研究していました（e.g., Sidman, 1971, 2000; Sidman & Tailby, 1982）。そこでは等価関係が主題であり，等価関係にある刺激群は刺激等価クラスと呼ばれます。RFT はその他のさまざまな関係性を含む形で拡張したものととらえられます。

(3) 刺激機能の変換

2つめの特徴は**刺激機能の変換**です。これは，ある機能を持つ刺激Xが別の刺激Yと関係づけられると，関係の種類に応じて刺激Yの機能が変わる現象を指します。「A屋の和菓子よりB軒のほうが美味しくて，B軒よりC堂が上だよ」と言われたとしましょう（図5-6）。そして，B軒の商品を食べてポジティブな情動が喚起され，B軒は情動喚起機能を獲得したとします（レスポンデント学習）。店間の関係はA屋＜B軒＜C堂であり，B軒がポジティブな情動を喚起するならば，A屋はB軒よりも小さい，C堂はB軒よりも大きい情動喚起機能を得るのです。これは比較のフレームによる刺激機能の変換の制御の例ですが，等位や相違などでも関係に応じた同様の現象が生じます。

以上，関係フレームづけの種類や刺激機能の変換を概観しました。これらは**文脈手がかり**の影響を受けて確立される関係や変換される機能が決まります(Hughes & Barnes-Holmes, 2016)。文脈手がかりには2種類あり，ひとつは刺

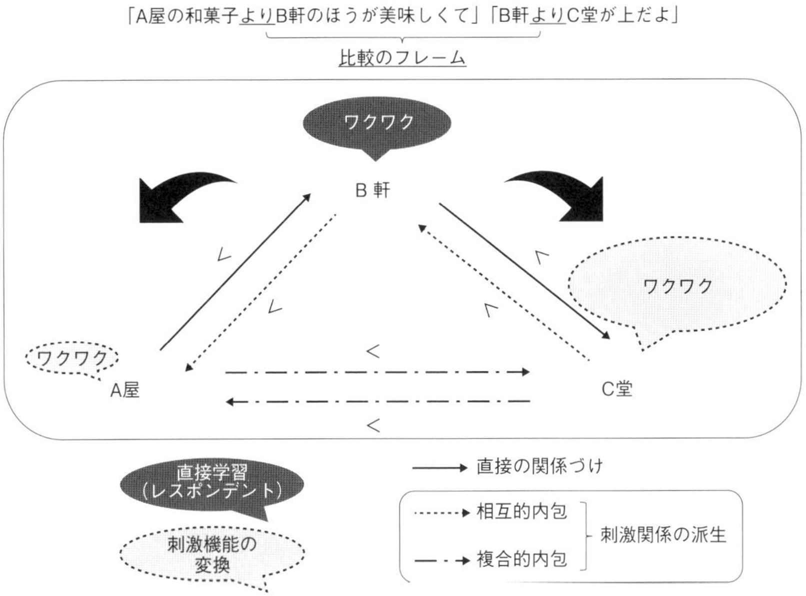

図5-6 **関係フレームづけの全体像**

激関係を制御する C_{rel}（シーレル／シーリアル）です。「○ = △（等位）」「○のせいで△が起こる（因果）」「○の後は△（時間）」などの文脈手がかりが関係の種類を指定します。もうひとつは刺激機能の変換に影響を与える C_{func}（シーファンク）です。「あんこの味を思い浮かべて」「あんこの質感を表現して」では，思い浮かぶものが違うはずです。「あんこの味を思い浮かべて」「あんこの質感を表現して」といった文脈手がかりによって刺激が持つさまざまな刺激機能（見た目，味，食感，香りなど）のうち，指定された機能が際立つようになるのです。

関係の派生によって刺激を無限の方法で関係づけ，そして刺激機能の変換によって今ここにない出来事を体験することで，ことばの理解やそれに基づく柔軟な行動が可能になります。そうした行動パターンによって，私たちはさまざまな道具や概念を扱うことができます。たとえば，問題の解決や将来の見通しを立てることなどがそうした行動に相当し，それによって便利な生活を手に入れてきました。しかし，恣意的な関係づけによって，恐怖や不安などの対象を無制限に拡大し，いつでもどこでもそうした経験をすることになってしまうことがあるのもまた事実です。子どものころ，お化けのことを考えたらあらゆる出来事がお化けと関連づけられてしまい，お手洗いに行けなくなった経験はありませんか？　あるいは，人前で発表するときに，今まで気にならなかった他者のさまざまな振る舞いが，ネガティブな評価の合図に思えたという経験はありませんか？　これらは，勝手気ままな関係づけによる，恐怖や不安対象の拡大の一例です。ことばは諸刃の剣といえるでしょう。

5.4　まとめ

本章ではことばに関する行動分析学的なとらえ方を扱いました。ことばも機能の観点から，他の行動と同じ枠組みで理解します。言語行動，ルール支配行動，関係フレーム理論によって，“考えること”への理解が深まり，それらが関与する心理行動的問題への対応策が広がります。実際に言語行動理論は自閉スペクトラム症の応用行動分析学的な言語訓練などで成功を収めており，近年ではルール支配行動や関係フレーム理論の知見は臨床行動分析の領域で活用されています。

行動分析学的な見方によって，第２の波では認知として扱ってきたことばが関与する現象を，行動という単一の枠組みから分析することができます。行動療法では行動になんらかの影響を与えることが目標となるため，操作可能な環境に焦点を当てる行動分析学的なことばに対する理解は，認知が関わる心理行動的な問題へのより有用な支援方略の選択や開発につながるでしょう。

（嶋大樹・松野航大・原真太郎）

引用・参考文献

Barnes-Holmes, D., & Barnes-Holmes, Y. (2000). Explaining complex behavior: Two perspectives on the concept of generalized operant classes. *The Psychological Record*, *50*, 251-265. https://doi.org/10.1007/BF03395355

Barnes-Holmes, Y., Boorman, J., Oliver, J. E., Thompson, M., McEnteggart, C., & Coulter, C. (2018). Using conceptual developments in RFT to direct case formulation and clinical intervention: Two case summaries. *Journal of Contextual Behavioral Science, 7*, 89-96. https://doi.org/10.1016/j.jcbs.2017.11.005

Belisle, J., & Dixon, M. R. (2020). Relational density theory: Nonlinearity of equivalence relating examined through higher-order volumetric-mass-density. *Perspectives on Behavior Science, 43*, 259-283. https://doi.org/10.1007/s40614-020-00248-w

Dougher, M. J., Hamilton, D. A., Fink, B. C., & Harrington, J. (2007). Transformation of the discriminative and eliciting functions of generalized relational stimuli. *Journal of the Experimental Analysis of Behavior, 88,* 179-197. https://doi.org/10.1901/jeab.2007.45-05

Harmon, K., Strong, R., & Pasnak, R. (1982). Relational responses in tests of transposition with rhesus monkeys. *Learning and Motivation, 13*(4), 495-504. https://doi.org/10.1016/0023-9690(82)90006-6

長谷川 芳典 (2016). スキナー以後の心理学 (24) ――「般化オペラント」概念の意義と課題 ―― 岡山大学文学部紀要 , *66,* 1-20. https://doi.org/10.18926/okadai-bun-kiyou/54796

Hayes, S. C., Barnes-Holmes, D., & Roche, B. (2001). *Relational Frame Theory: A Post-Skinnerian Account of Human Language and Cognition*. Kluwer Academic Publishers.

Hayes, S. C., Brownstein, A. J., Zettle, R. D., Rosenfarb, I., & Korn, Z. (1986). Rule-governed behavior and sensitivity to changing consequences of responding. *Journal of the Experimental Analysis of Behavior, 45*(3), 237-256. https://doi.org/10.1901/jeab.1986.45-237

Hayes, S. C., Sanford, B. T., & Chin, F. T. (2017). Carrying the baton: Evolution science and a contextual behavioral analysis of language and cognition. *Journal of Contextual Behavioral Science, 6*(3), 314-328. https://doi.org/10.1016/j.jcbs.2017.01.002

Hayes, S. C., Strosahl, K. D., & Wilson, K. G. (2012). *Acceptance and Commitment Therapy: The Process and Practice of Mindful Change*. The Guilford Press. (ヘイズ，S. C.・ストローサル，K.

D.・ウィルソン，K. G. 武藤 崇・三田村 仰・大月 友（監訳）(2014)．アクセプタンス＆コミットメント・セラピー —— マインドフルな変化のためのプロセスと実践 —— 星和書店）

Hayes, S. C., & Wilson, K. G. (1993). Some applied implications of a contemporary behavior-analytic account of verbal events. *The Behavior Analyst, 16*(2), 283-301. https://doi.org/10.1007/BF03392637

Hayes, S. C., Zettle, R. D., & Rosenfarb, I. (1989). Rule-following. In S. C. Hayes (Ed.), *Rule-Governed Behavior: Cognition, Contingencies, and Instructional Control* (pp. 191-220). Plenum.

Horne, P. J., & Lowe, C. F. (1996). On the origins of naming and other symbolic behavior. *Journal of the Experimental Analysis of Behavior, 65*(1), 185-241. https://doi.org/10.1901/jeab.1996.65-185

Hughes, S., & Barnes-Holmes, D. (2016a). Relational frame theory: The basic account. In R. D. Zettle, S. C. Hayes, D. Barnes-Holmes, & A. Biglan (Eds.), *The Wiley Handbook of Contextual Behavioral Science* (pp.129-178). Wiley-Blackwell.

井上 雅彦（2019）．タクト 日本行動分析学会（編）行動分析学事典（pp. 424-427） 丸善出版

井上 雅彦（2023）．コミュニケーション機能の獲得 II—— 報告言語行動（タクト）—— 日本行動分析学会（編）新装版 ことばと行動（pp. 123-151） 金剛出版

Kohlenberg, R. J., & Tsai, M. (1991). *Functional Analytic Psychotherapy: Creating Intense and Curative Therapeutic Relationships*. Plenum Press.（コーレンバーグ，R. J.・サイ，M. 大河内浩人（監訳）(2007)．機能分析心理療法 —— 徹底的行動主義の果て，精神分析と行動療法の架け橋 —— 金剛出版）

三田村 仰（2017）．はじめてまなぶ行動療法 金剛出版

武藤 崇（2015）．行動分析学による問題解決② —— 青年・成人における問題解決ストラテジーを整理する —— 日本行動分析学会（編）ケースで学ぶ行動分析学による問題解決（pp. 20-28） 金剛出版

小野 浩一（2016）．行動の基礎 —— 豊かな人間理解のために —— 培風館

小野 浩一（2023）．言語機能の高次化 —— ルール支配行動とオートクリティック —— 日本行動分析学会（編）新装版 ことばと行動（pp. 171-192） 金剛出版

Palmer, D. C. (2006). On Chomsky's appraisal of Skinner's Verbal Behavior: A. half century of misunderstanding. *The Behavior Analyst, 29*, 253-267. https://doi.org/10.1007/BF03392134

佐藤 方哉（2023）．言語への行動分析学的アプローチ 日本行動分析学会（編）新装版 ことばと行動（pp. 3-23） 金剛出版

霜田 浩信（2019）．マンド 日本行動分析学会（編）行動分析学事典（pp. 420-423） 丸善出版

Shimoff, E., Catania, A. C., & Matthews, B. A. (1981). Uninstructed human responding: Sensitivity of low-rate performance to schedule contingencies. *Journal of the Experimental Analysis of Behavior, 36*(2), 207-220. https://doi.org/10.1901/jeab.1981.36-207

Sidman, M. (1971). Reading and auditory-visual equivalences. *Journal of Speech and Hearing Research, 14*(1), 5-13. https://doi.org/10.1044/jshr.1401.05

Sidman, M. (2000). Equivalence relations and the reinforcement contingency. *Journal of the Experimental Analysis of Behavior, 74*(1), 127-146. https://doi.org/10.1901/jeab.2000.74-127

Sidman, M., & Tailby, W. (1982). Conditional discrimination vs. matching to sample: An expansion of the testing paradigm. *Journal of the Experimental Analysis of Behavior, 37*(1), 5-22. https://doi.org/10.1901/jeab.1982.37-5

Skinner, B. F. (1957). *Verbal Behavior.* Appleton-Century-Crofts.

Skinner, B. F. (1966). An Operant Analysis of Problem Solving. In B. Kleinmuntz (Eds.), *Problem-Solving: Research, Method, and Theory* (pp. 225-257). Wiley.

Skinner, B. F. (1969). *Contingencies of Reinforcement: A Theoretical Analysis*. Appleton-Century-Crofts.

杉山 尚子・島宗 理・佐藤 方哉・マロット，R. W.・マロット，M. E. (2023). 行動分析学入門 第 2 版　産業図書

Törneke, N. (2010). *Learning RFT: An Introduction to Relational Frame Theory and Its Clinical Application*. New Harbinger Publications. (トールネケ，N.　山本 淳一（監修）　武藤 崇・熊野 宏昭（監訳）(2013). 関係フレーム理論をまなぶ —— 言語行動理論・ACT 入門 ——　星和書店)

Törneke, N., Luciano, C., & Valdivia, S. (2008). Rule-governed behavior and psychological problems. *International Journal of Psychology and Psychological Therapy, 8*(2), 141-156.

山本 淳一 (2023). 『ことばと行動』のブレイクスルー —— 新装版における解説 ——　日本行動分析学会（編）新装版 ことばと行動（pp. 329-371）　金剛出版

Zettle, R. D., & Hayes, S. C. (1982). Rule-governed behavior: A potential theoretical framework for cognitive-behavior therapy. ln P. C. Kendall (Ed.), *Advances in Cognitive-Behavioral Research and Therapy* (pp. 73-118). Academic Press.

6 観察学習

6.1 社会的学習――間接経験による学習

これまでの章では，ある個体がなんらかの環境下で直接なにかを経験することによって成立する学習について説明してきました。たとえばレスポンデント条件づけでは対呈示という経験事象によって学習が成立し，オペラント条件づけでは行動に対してなんらかの結果が随伴するという経験によって学習が成立していました。しかし，ヒトは自身が直接なにかを経験せず，他者の経験を観察することだけでも学習することができます。ちょっとだけ難しく言うと，直接経験ではなく，間接経験によっても学習ができるということです。たとえば，他人の振る舞いを見て，自分の振る舞いを変える……なんてことはよくありますよね。

Bandura, A. はこういった他者の経験を観察して成立する学習を社会的学習と呼び，**社会的学習理論**としてまとめました。社会的学習では，他者のことを「モデル」と呼びます。モデルというとピンとこないかもしれませんが，“お手本”や“見本”みたいに思っていただければ OK です。この社会的学習は，模倣学習や観察学習が代表的なものとなります[*1]。

＊1　本書では模倣学習と観察学習の区別をわかりやすくするために，模倣学習と観察学習を明確に分けて記述しました。ただし，概念的には観察学習の中に模倣学習が含まれるというとらえ方をしておきましょう。

6.2　模倣学習と観察学習

(1) 模倣学習

動画でプロ野球選手のバッティングを観察し，そのバッティングフォームを真似して練習したら，同じようにバットを振ることができるようになった……このような学習は**模倣学習**と呼ばれます。

> **➡模倣学習**
> モデルのした行動を観察することによって，その行動と同じような行動をするようになること。

モデルと同じような行動を模倣行動と呼びます。模倣学習では，模倣行動に随伴する結果事象から強化を受けることが重視されます。つまり，模倣学習はオペラント条件づけの枠組みから説明することが可能です。先の例でいえば，プロ野球選手のバッティングが弁別刺激となって，それを真似してバッティングするという模倣行動が生起し，その瞬間にうまく真似できてコーチに褒められたという結果事象が伴うことによって強化されている，と説明することができます（図 6-1）。つまり模倣学習は，モデルの行動が弁別刺激となって，模倣行動が誘発され，それが強化されることで成立すると言い換えることができま

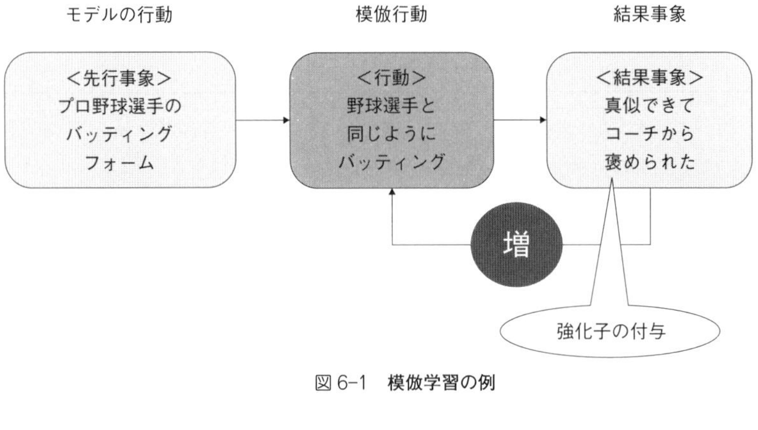

図 6-1　**模倣学習の例**

す。モデルを見た観察者は模倣行動に対して直接的強化を受け，その直接的強化に基づいてモデルの行動と一致するような行動が形成されるのです。

(2) 観察学習

あなたはあるおしゃれなファストフード店を初めて訪れました。レジがないため，注文の仕方がさっぱりわかりません。すると前にいた人（モデル）が食券を買うために大きいタッチパネルがくっついたハイテクな機械を操作して（行動），食券を手に入れている（結果事象）のを目撃しました。あなたはその人のやり方を真似て，無事に食券を手入れることができました……。

また別の日にあなたは旅行に行きました。とある観光施設を訪れたときです。旅行客（モデル）がその観光施設の中で写真撮影していて（行動），そこの施設のスタッフに「ここでの写真撮影は禁止です」と注意されていました（結果事象）。たまたまその一部始終を見ていたあなたも写真を撮らないように気をつけました……。

きっと誰しもが似たような経験をしたことがあるでしょう。このように誰かの“行動とその結果を観察する”ことで新しく学習がなされることを**観察学習**といいます＊2。

➡観察学習
モデルのした行動とそれに随伴する結果事象を観察することによって，その行動と同じような行動をとるようになる，あるいは，その行動をしなくなったり，逆に異なる行動をしたりするようになること。

(3) 観察学習の基礎研究

Bandura et al.（1961）は，子どもの攻撃行動を取りあげて，観察学習の実験を実施しました。この実験では，まず子どもを2つの群に分けました。すなわち，

＊2　観察学習＝モデリングとされている場合が多々ありますが，社会的学習理論を詳しく見てみると，それらは厳密にはイコールではないととらえておいたほうがよいと思われます。なお，行動療法ではモデリングといった場合，観察学習を使った介入技法を指すことが多い印象です。

①「大人がボボ人形（子どもの背丈と同じくらい人形）に対して攻撃している（叩いたり蹴ったり投げ飛ばしたりしている）様子」を観察させる群
②「攻撃していない様子」を観察する群

の2群です。それぞれの群で大人の様子を子どもに観察させた後，ボボ人形の置かれた別の部屋に子どもを入室させました。すると，①「大人がボボ人形を攻撃する様子」を観察した群の子どもは，もう一方の②「攻撃していない様子」を観察させた群の子どもよりも，ボボ人形に攻撃する行動が認められました。この実験では，観察者である子どもが大人をモデルとして観察することのみで，ボボ人形に攻撃するという行動，つまり大人と同じ行動を学習したという結果が重要となります。なお，これは模倣学習にあたります。

またBandura（1965）は，モデルが行動をし，その後にどのような結果が生じているかまでを観察することよって，観察者の学習に変化が見られるかを検討しました。具体的には，モデルとして大人がボボ人形を攻撃した後に，別の大人から，

①「褒められる」（強化されている）
②「怒られる」（弱化されている）
③「何もされない」

という状況が生じる3群を設定しました。観察者である子どもをそれぞれに割り当てて，それらの大人の様子を観察させました。

その結果，②「怒られる」様子を観察した子どもは，他の様子を観察した子どもよりもボボ人形を攻撃しませんでした。一方，①「褒められる」／③「何もされない」という様子を観察した子どもには同程度の攻撃行動が見られました。さらに，この実験の最後に「モデルの真似（大人と同じようにボボ人形に対する攻撃）をしたらご褒美を渡す」と子どもに告げる手続きを加えると，いずれの群の子どもも同じようにボボ人形に対する攻撃行動を示しました。

モデルの行動が強化されたり弱化されたりするのを観ることによって，観察者の行動が変化することを**代理強化**といいます*3。ただし，上述の実験結果か

ら，代理強化は観察学習の成立に関わっているというよりも，観察学習の結果として習得された行動が生起するかという点に影響を及ぼしているものと考えられます。すなわち，モデルの行動を習得することについては，モデルを観察することのみで成立しているのです。

(4) レスポンデント行動の観察学習

観察学習はレスポンデント行動においても成立します。たとえば，犬がとてもとても苦手な人（モデル）がいたとします。その人（モデル）が犬を見て怖がっている様子を観察すると，観察者自身が犬に何か怖いことをされていなくても犬に対する恐怖反応を示すようになります。このことは，恐怖反応というレスポンデント行動において観察学習が成立するということを示すものです。このように無条件刺激（モデルが犬に恐怖している）と中性刺激（目の前にいる犬の姿）の対呈示によって，直接経験（犬に噛まれるなどといった恐怖体験）がなくても，感情など（恐怖）に対する学習が成立することを**代理的条件づけ**といいます。

(5) 模倣学習と観察学習の共通点と差異

模倣学習も観察学習もモデルの行動を観察して学習するということは共通しています。ただし，観察範囲に違いがあります。模倣学習は“モデルの行動”を観察するにとどまります。一方，観察学習は“モデルの行動とその結果”までを観察します。したがって，やや大雑把な言い方かもしれませんが，模倣学習は“モデルの行動”が弁別刺激となる学習であり，観察学習は“モデルの行動と結果事象の随伴性”が弁別刺激となる学習であるという言い方もできるでしょう。

模倣学習は，モデルを手がかりとして観察者もモデルと同じ行動を遂行して，基本的にはそこに結果事象が随伴することで成立する学習です[*4]。模倣学習

＊3 Bandura（1971）では，モデルの行動が強化されるのを観察した場合も弱化されるのを観察した場合も“代理強化”とされています。ただ，研究者によっては，強化を観察した場合は“代理強化”，弱化を観察した場合は“代理罰”と記述することもあります。

＊4 “基本的には”と記述したのは，模倣行動が強化なしでも獲得される場合があるからです。その一部は後述の般化模倣で詳しく説明します。

では，モデルと同じ行動，すなわち模倣行動を遂行して随伴する結果から強化を受けることが重視されます。一方，観察学習は，観察者がモデルの行動と結果事象を観察することで成立する学習です。つまり，模倣学習は観察者自身が行動してそれに結果事象が随伴することで学習が成立しますが，観察学習は観察者がモデルを観察することのみで学習が成立するという点で異なります。

(6) 模倣学習と観察学習の臨床応用

模倣学習も観察学習もしっかりとモデルを観察するというシンプルなやり方で成立する学習です。そのため，新しい行動を獲得する際，つまり行動レパートリーを増やす際に模倣学習や観察学習を活用することは，とても効率的で有用な手段になることがあります。

カウンセリング場面でもよく使われます。コミュニケーションの改善を考える際に，「まずコミュニケーションスキルの高い人の話し方や聴き方をよく観察して，機会があったらそれを真似してみましょう！」とか，「仕事のさばき方がうまい人を観察して自分の仕事に取り入れられることがないか探してみましょう！」などといった課題に取り組むこともあります。もちろん子どもの臨床実践でもたくさん使われます。

6.3 社会的学習理論

Bandura (1969) は，観察学習が成立する過程を**社会的学習理論**から説明しています。社会的学習理論では，①**注意過程**，②**保持過程**，③**運動再生過程**，④**動機づけ過程**といった4つの過程を経て観察学習が成立するとされています(図6-2)。

①まず，注意過程では，モデルの行動に注意を向けて知覚します。モデルに向いた注意は，観察学習の成立にとって重要な情報に焦点化されたり，観察者の動機づけや過去の学習歴に左右されたりします。

②次に，保持過程では，注意過程で知覚された情報を符号化して保持します。知覚された情報は，言語やイメージといった表象に変換されます。

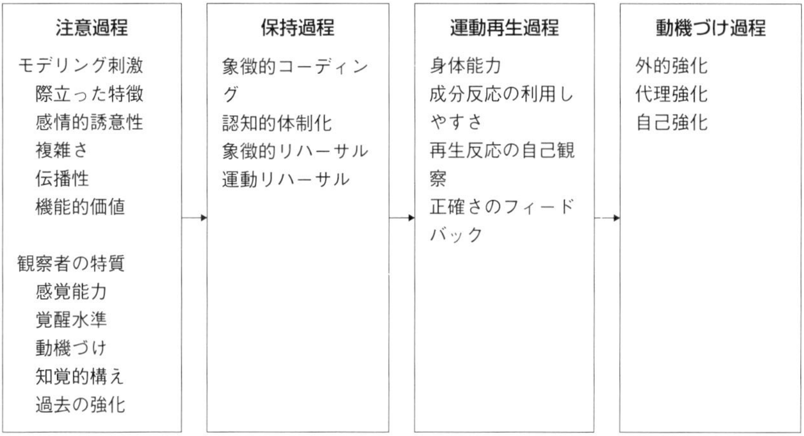

図 6-2　**社会的学習理論における観察学習のプロセス**（Bandura, 1971 原野・福島訳 2020）

③そして，運動再生過程では，習得された行動を実際に遂行します。行動の生起は，観察者の身体能力などの影響を受けます。

④最後に，動機づけ過程では，遂行された行動に随伴する結果によって強化されます。観察学習では，観察者の行動によって受ける外的強化だけではなく，モデルが強化される場面を観察する代理強化も含まれています。

注意過程と保持過程は，観察学習における行動の習得にとって重要です。運動再生過程と動機づけ過程は，習得された行動の遂行にとって重要です。

社会的学習理論は，刺激と反応に着目する学習理論とは異なり，注意過程や保持過程によって行動の学習が成立するという認知の役割を重視している点が特徴です。

6.4　般化模倣

（1）模倣する

モデルの行動からの学習である観察学習について，社会的学習理論では認知の役割が重視されます。これに対して，行動分析学の立場ではこの現象を般化模倣という枠組みから検討します。ここからは行動分析学の立場から観察学習を見ていきましょう。

他者（モデル）の振る舞いからの学習が成立するためには，模倣行動が身についていることが前提となります。つまり，“モデルの行動を弁別刺激として，それと形態が一致した行動を自発するということがそもそも備わっている”必要があります。

ここまでで説明したとおり，模倣行動は，モデルが特定の振る舞いを観察者に見せ，観察者に同じ形態の行動が生じた際に，観察者が直接強化を受けることで形成・維持されます。したがって，オペラント条件づけの枠組みで考えると，モデルを観察して，模倣行動が生起し，それが強化されるという訓練を受けてはじめて，その行動が獲得されるはずです。逆に，特に訓練されていない振る舞いについては，原則的に模倣行動は獲得されないはずです。

しかし，日常的には，私たちは初めて見るモデルの振る舞いについても容易に模倣して，そのモデルと同じ行動（模倣行動）を獲得することができます[*5]。ここで登場するのが，般化模倣という考え方です。

(2) 般化模倣

般化模倣とは，さまざまな状況において，訓練されていない，あるいは，強化されていないモデルの行動を模倣することです。

➡般化模倣

過去に模倣して強化された経験のない行動を模倣すること。

→モデルの振る舞いを真似るという行動が生起すること。

般化模倣は，強化を予測しないような新奇モデルの振る舞いを訓練なしに模倣するという，高次の行動クラス（同じ機能を有する行動群）とみなされます。過去に強化されたことのない形態の行動をさまざまな状況やモデルで模倣するということは，個々の振る舞いを模倣するという水準を超えた，“模倣するとい

＊5　ただし，神経発達症を抱えるお子さんなどでは，そうした反応が生じづらい場合があります。

う行動そのもの”の学習といえるでしょう＊6。

般化模倣が成立するには，多様な状況で，さまざまなモデルの振る舞いを対象に訓練をする必要があります。模倣行動の般化が類似の反応形態にしか生じなかった知見もあり（Garcia et al., 1971），単一状況での訓練のみでは，どれほど長い時間をかけても般化模倣は成立しないのです。これには，第5章でも紹介した**複数の範例による訓練**が関与します。つまり，さまざまな形態の行動を多様な状況で模倣することにより，「モデルと一致した行動‒強化」という随伴性を抽象化し，より大きな行動パターンとして学んでいくのです。わかりやすく言えば，いろいろな状況で模倣行動に対する強化の経験が積み重なっていくなかで，“真似をするという行動そのものが獲得される”ということです。

ひとたび般化模倣が成立すると，随伴する強化が間欠的であったとしても模倣行動が維持しますが，強化が完全に絶たれてしまうとすべての模倣行動が生じにくくなります（Deshais et al., 2022）。たとえば，3種の模倣行動に強化子が随伴する条件を設定した際，別種の模倣行動が強化なしに生起（般化模倣）したことを示した研究があります（Baer & Sherman, 1964）。そこでは，般化模倣が生じた後に，他の3種の模倣行動への強化子呈示を停止する条件を導入しています。すると，すべての模倣行動の生起頻度が減少してしまいました。さらに3種の模倣行動への強化を再開すると，すべての模倣行動が再び見られるようになったのです。つまり，形態を問わず何らかの模倣行動が強化される限り，全体としての模倣行動（般化模倣）が維持されるということです。こうした研究からも，般化模倣をひとつの行動の単位として理解することができます（望月 , 1978）。

なお，般化模倣の弁別刺激はモデルの行動だけでなく，「モデルの反応を誘発する弁別刺激‒モデルの行動‒モデルが得る強化」の全体を含むとされます（望月 , 1978）。また，般化模倣における強化子はモデルと自身の行動の“一致感”になります＊7。

＊6　本章では模倣行動という用語を一貫して用いていますが，研究者によっては般化模倣による真似する行動を模倣行動と呼び，個々のモデルの行動を真似する行動は模倣反応と呼び，それぞれを区別することがあります。

＊7　この強化子は「模倣性強化子」という特別な名前で呼ばれています。

(3) 般化オペラントとしての般化模倣

第5章の関係フレームづけと同様に，般化模倣も般化オペラントとみなされます。**般化オペラント**は，特定のオペラント行動が強化された後，一度も強化されていない別の行動が生じる現象です。般化オペラントは機能から定義され，その形態の差異は問われません。ある形態の模倣が可能になった後に，初見の振る舞いを模倣できるようになることは，まさに般化オペラントの例といえます。なぜなら，“モデルの振る舞いと一致する振る舞いによって強化される”という，共通の機能でまとめられる行動の一群だからです。

以上のように，理解や推論といった認知過程に訴えることなく，観察学習を分析することも可能です。これによって認知や理解力といった個人の内部にある性質や能力に責任を負わせる必要はなくなります（その人のせいにしなくて済む)。先行事象や結果事象といった般化模倣を増やすための環境条件を特定し，実際にそれらを操作するという現実的な視点から，有効な支援を実施することができるのです。

（原真太郎・嶋大樹・松野航大）

引用・参考文献

Baer, D. M., & Sherman, J. A. (1964). Reinforcement control of generalized imitation in young children. *Journal of Experimental Child Psychology, 1*(1), 37-49. https://doi.org/10.1016/0022-0965(64)90005-0

Bandura, A. (1965). Influence of models' reinforcement contingencies on the acquisition of imitative responses. *Journal of Personality and Social Psychology, 1*(6), 589–595. https://doi.org/10.1037/h0022070

Bandura, A. (1969). *Principles of Behavior Modification.* Rinehart & Winston.

Bandura, A. (Ed.) (1971). *Psychological Modeling : Conflicting Theories.* Aldine-Atherton.（バンデューラ（編）原野 広太郎・福島 脩美（訳）(2020). 新装版 モデリングの心理学 —— 観察学習の理論と方法 ——　金子書房）

Bandura, A., & Jeffrey, R. W. (1973). Role of symbolic coding and rehearsal processes in observational learning. *Journal of Personality and Social Psychology, 26*(1), 122-130. https://doi.org/10.1037/h0034205

Bandura, A., Ross, D., & Ross, S. A. (1961). Transmission of aggression through imitation of aggressive models. *The Journal of Abnormal and Social Psychology, 63*(3), 575–582. https://doi.

org/10.1037/h0045925

Cooper, J. O., Heron, T. E., & Heward, W. L. (2020). *Applied Behavior Analysis* (3rd ed.). Pearson UK.

Deshais, M. A., MacDonald, J., & Quiroz, L. (2022). Generalized Imitation and Applied Behavior Analysis. In J. L. Matson, & P. Sturmey (Eds.), *Handbook of Autism and Pervasive Developmental Disorder: Assessment, Diagnosis, and Treatment* (pp. 821-844). Springer International Publishing. https://doi.org/10.1007/978-3-030-88538-0_35

Garcia, E., Baer, D. M., & Firestone, I. (1971). The development of generalized imitation within topographically determined boundaries. *Journal of Applied Behavior Analysis, 4*(2), 101-112. https://doi.org/10.1901/jaba.1971.4-101

長谷川 芳典（2016）．スキナー以後の心理学（24）――「般化オペラント」概念の意義と課題―― 岡山大学文学部紀要 , *66*, 1-20. https://doi.org/10.18926/okadai-bun-kiyou/54796

Hughes, S., & Barnes-Holmes, D. (2016a). Relational Frame Theory: The Basic Account. In R. D. Zettle, S. C. Hayes, D. Barnes-Holmes, & A. Biglan (Eds.), *The Wiley Handbook of Contextual Behavioral Science* (pp.129-178). Wiley-Blackwell.

Miller, N. E., & Dollard, J. (1941). *Social Learning and Imitation*. Yale University Press.

望月 昭（1978）．観察学習と般化模倣 ―― 社会的学習への行動分析的アプローチ ―― 心理学評論 , *21*(3), 251-263. https://doi.org/10.24602/sjpr.21.3_251

杉山 尚子・島宗 理・佐藤 方哉・マロット，R. W.・マロット，M. E.（2023）．行動分析学入門 第 2 版　産業図書

米山 直樹（2019a）．モデリング　日本行動分析学会（編）行動分析学事典（pp. 458-461）　丸善出版

米山 直樹（2019b）．般化模倣　日本行動分析学会（編）行動分析学事典（pp. 462-465）　丸善出版

第2部

行動療法の実践

7 行動療法の基本

本章では，行動療法を実践する上で把握しておくべき基礎的な知識について学んでいきましょう。

7.1 行動療法と行動分析学

(1) 行動療法と行動分析学の近いけど遠い複雑な関係

行動療法を学ぶと,「行動分析」という用語にあちこちで出会います。行動の随伴性や機能を分析する際に使うこともあれば[*1]，学問領域を指すこともあります。後者の用法では，一般にはSkinnerが打ち立てた学問領域を**行動分析学**，その応用を**応用行動分析**（学）と表記します。応用行動分析は，おもに神経発達症の支援や学校での支援で活用されています。また，成人対象の外来臨床における行動分析学に基づく実践は，**臨床行動分析**という別名で記述されます。

行動療法では，行動分析学の知見を援用しています。ケース・フォーミュレーションや使用する技法を考える際，オペラント条件づけや随伴性などの用語や概念の理解は欠かせません。行動分析学は行動療法の足場を形作る重要な位置づけにありますが，広く学習理論の知見を取り込んだ行動療法とは区別されます。

＊1　機能分析や機能的アセスメントなども交換可能な語として使われることがありますが，厳密には機能分析と機能的アセスメントは別物です。前者は実際に環境を操作して行動の機能を実験的に検証することを指し，後者は実験ができない場合や実験に向けてさまざまな情報を集めるときに，行動の機能を推定することを指します（e.g., Cone, 1997; Sturmey, 1994）。

本章では，基本的には上記の使い分けに準じますが，応用行動分析と臨床行動分析はひとつのカテゴリとして，応用／臨床行動分析と記述します[＊2]。

(2) 行動療法と応用／臨床行動分析の差異

行動療法と応用／臨床行動分析は，行動の原理や法則に基づく点や，データに基づいて支援をする点で共通します。しかし，両者の世界観，発展初期の支援対象，重視する行動原理などに差異もあります。ここでは，両者の代表的な相違を，序章とは別の観点から見ることで，さらなる理解をめざしましょう。

三田村（2017）や武藤（2007）は，行動療法と応用／臨床行動分析の特徴の差異について，重視するスタンス，発展の経緯，技法やモデルなどの観点から整理しています。ここでは例として，重視する介入方針と“正の強化”の位置づけを扱います。

まず重視する介入方針です。行動療法ではクライエントさんが置かれた環境に適応するためのスキル獲得をめざす一方，応用／臨床行動分析では環境側を個人に適応することを目標とします。これは，問題の原因帰属の差異であり，前者は個人に，後者は個人を取り巻く環境に働きかけることが強調されます（望月, 1988, 1989）。環境と行動は相互に影響を与えるため，両者の見方はどちらも理解可能です。どちらに焦点を当てるかは，おもな対象者の違いが反映されているといえます（三田村, 2017）。たとえば，成人臨床で不安低減をめざす状況ではクライエントさんからの主体的な関わりが期待できますが，一般健常者と同じ状態をめざすことが困難な対象者の支援では，環境調整による改善という発想を選択するのもうなずけます。

“正の強化”の位置づけの差異も上記と無関係ではありません。行動療法では，スキル形成によって問題や困難，症状の軽減を目的とするため，スキル形成の手段（テクニック）として正の強化が用いられます。一方の応用／臨床行動分

＊2　序章の脚注＊5に記載したとおり，行動分析学の世界観は徹底的行動主義であり，応用行動分析学も一般にはその見方を受け継いでいます。対して臨床行動分析は，機能的文脈主義の選択を明言しているグループが目立ちます。ただし両者には共通点が多く，機能的文脈主義は徹底的行動主義の現代的名称であると説明されることもあるため（Ramnerö & Törneke, 2008），本文中では機能的文脈主義で統一します。興味のある読者は，（ちょっと（？）難しいかもしれませんが）武藤（2021）を参照してください。ちなみに，要素的実在主義の立場を取る行動主義は，方法論的行動主義とも呼ばれます。

析では，行動–環境間の相互作用の円滑化（三田村, 2017）をめざして環境設定を工夫します。環境を正の強化が得やすいものにすることは生活の質の向上につながると考えるため（望月, 1995），正の強化の獲得機会の充実化自体が目的となるのです。やや大雑把な言い方にはなりますが，行動療法では本人のスキルの形成のために正の強化を用いますが，応用/臨床行動分析では，正の強化を経験する機会を増やすために環境に介入していくという発想をとります。

(3) 行動療法と応用/臨床行動分析の差異を超えて

行動療法と応用/臨床行動分析の差異を概観しました。異同はさまざまに存在しますが，どちらが正しい/優れているかではなく，どのような立場を選択するかが重要です（出口, 1988）。そして，どの選択をしても，異なる立場の実践家/研究者から学び，協力することが大切です（Hughes, 2018）。そうすることで，クライエントさんの生活の質向上に少しでも役立つよう，前進していきたいものです。

なお，ここで解説した行動療法と応用/臨床行動分析の違いは絶対的なものではなく，研究者によって多かれ少なかれ見解が異なります。こんなことを言うと,「ここまでの説明が台無しだ！　最後になんてことを言うんだ！」と思わるかもしれませんが，ここでは行動療法と応用/臨床行動分析の差異を理解していただくために，あえてそれらを明確に分ける立場から論じてきました。実際のところ，行動療法にもグラデーションがあり，応用/臨床行動分析を非常に重視する立場の行動療法もあります。本書はどちらかといえば応用/臨床行動分析を包含するような立場で行動療法をとらえていますので，少なくとも本書を読み進める上では両者の差異はあまり気にしないで大丈夫です。

7.2　行動療法を実践する際の POINT

(1) 行動療法に取り組むために

ここまでで，行動療法の背景となるような基本的な知識はかなり身についてきたのではないでしょうか。ここからはより実践的なお話に入っていきます。

行動療法を実施する際にはどのようなPOINTを大切にして支援をしていけばよいのかについて学んでいきましょう[*3]。

(2) 問題の明確化

行動療法ではクライエントさんの問題や困難あるいは症状を，行動レベルで明確化していきます。つまり，問題解決に向けて変化させたい行動を同定します。この介入のターゲットとなる行動のことを**標的行動**といいます[*4]。

標的行動を同定することで，その行動の頻度や持続時間などを測定することができるようになりますし，先行事象や結果事象を観察しやすくなります。また，介入を行った際の効果を評価することも可能になります。そして，もちろん標的行動が変化していった後の最終的なゴール，つまり，**目標行動**も同時に設定することを忘れないようにしましょう。

また，適切なケース・フォーミュレーションをするためには，まずは**行動観察**が必要です。行動観察をするときには何を観察するのかあらかじめ決めておきましょう。言語的なもの・非言語的ものも含め行動そのものを観察することはもちろんですが[*5]，先行事象と結果事象に関わることもしっかり観察しましょう。どのような状況・場面・文脈で標的行動が生じているのか，そして，その行動による環境の変化，たとえば本人のリアクションや周囲の反応もきちんと観察しましょう。

(3) 行動療法に取り組む際の留意点

標的行動・目標行動は，“クライエントさんを最優先に考慮”し，“クライエントさんの希望にそって”決定していきます[*6]。クライエントさんにとっての望ましい状態から“行動が過剰あるいは不足している”とき，行動療法が必要

＊3　「7.2 行動療法を実践する際のPOINT」は，おもに宮下・免田（2007）を参考に解説していきます。

＊4　標的行動は，以前は「問題行動」と呼ばれることが多くありました。しかし，外からはその行動が問題に見えても，クライエントさんにとってはその状況における対処行動であったりするわけです。たとえば，リストカットや過食は外から見ると問題に見えるかもしれませんが，クライエントさんにとっては，圧倒的なつらい感情をなんとかしようとするための対処であったり，自分を取り戻すための対処であったりします。そういった視点から現在では，介入のターゲットとなる変化させたい行動を問題行動と呼ばずに，標的行動と呼ぶようになりました。

＊5　行動を観察する際に記録をとりますが，行動の記録の仕方はさまざまです。頻度，持続時間，割合（10回中 N 回など），量，強度などその行動に合った適切な方法で記録しましょう。

になります[*7]。言い方を変えると，セラピストが勝手に問題を作り上げてはいけません。行動療法の主人公はつねにクライエントさんです。標的行動が変化することで，“生活上の問題や困難，症状などによる苦痛が軽減”し，そしてなによりも“クライエントさんの生活が豊かになる”ような目標行動を設定する必要があります。そのためにはどのようなことを意識するといいのでしょうか？

まずは“変化しやすいところから変えていく”ことが挙げられます。現在できているところ，あるいはできかかっているところに着目し，その行動を強化していくことが POINT です。成功体験につながりやすく，その後の介入にいい影響が期待できます。したがって，行動観察を含む情報収集の際にはクライエントさんの問題部分を探すことに終始するのではなく，“強み・長所・得意なところ”など，クライエントさんのいいところもしっかり見つけることが重要です。

また，“行動療法が終わった後もクライエントさんの日常生活なかで自然と強化される行動を選択する”ということも大切です。認知行動療法で大事な目的のひとつは**セルフコントロール**です。すなわち，治療が終わってセラピストと離れ，自分の生活に戻った後も，目標行動が維持されなければなりません（そうでなければ，永遠に治療が続くことになってしまいます）。そのため，目標行動を選択するときは，その行動はクライエントさんが日常生活に必要で役に立つ行動であり，治療がなくても“日常生活場面で自然と強化される”行動にする必要があります。

基本的にはスモールステップで行動が徐々に変化し，最終的な目標行動に近づいていくわけですが，目標行動に近づく過程では，“より広範囲の行動によい影響を及ぼす中核的な行動（**基軸行動**）を優先的に扱う”ようにしましょう。たとえば，学校場面での「着席」は基軸行動といえます。課題に取り組む，食事をする，授業に臨むなどのいくつもの行動の基本となる行動なので優先され

＊6　介入の対象者が幼い子どもなどの場合は，周囲の希望にそって介入が行われることもありますが，その場合でも社会適応などクライエントさんのメリットを常に考慮します。

＊7　行動の過剰か不足かの判断は絶対的な基準はありませんので難しいところです。ただ，日常生活に支障が出ている・本人や周囲に困難感が生じている・社会適応に悪影響が出ている・目標に近づけていないなどは，行動の過剰や不足の判断の際に参考になるでしょう。

ます。

さらに，標的行動や目標行動には，学校や仕事などで役立つ行動，つまり“社会生活に役立つ行動を選択する”ようにしましょう。クライエントさんが社会で適応しやすくなるような行動を設定することが大切です。標的行動が変化し，目標行動に近づくことによって，本人や周囲にどのような利益がもたらされるかを考慮して標的行動・目標行動を設定します。たとえば，標的行動として，公共の場面での危険な行動や奇声・乱暴などは優先されるでしょう。目標行動としては，あいさつをする，公共機関を利用するなどが優先されるでしょう。

7.3　行動療法の実践

(1) 行動療法による介入の流れ

行動療法は，①情報収集から始まり，それをもとに，②**ケース・フォーミュレーション**をしていきます[＊8]。ケース・フォーミュレーションでは機能的アセスメントなどを中心に，クライエントさんを丁寧に見立てていきます。次に，③ケース・フォーミュレーションをもとに介入計画を立案して，④さまざまな技法を使って介入をしてきます。⑤介入を実施したら，「標的行動に改善が見られたのかどうか？」「目標行動に近づいたのか？」について評価します。そして，⑥なにか不足や介入に問題がある，あるいは介入がうまくいって次のステップに進むということであれば，改めて①情報収集をして，②→③→④→⑤→⑥と進んでいきます。これを繰り返して行動療法が進んでいきます。

(2) 行動療法による介入の基本方針

行動療法では，減らしたい行動（標的行動）と増やしたい行動（目標行動）があるときに，標的行動を直接減らすような介入ではなく[＊9]，基本的には“正の強化で目標行動を増やすことによって，相対的に標的行動を減らす”ように

＊8　一般には「アセスメント」（見立て）と呼ばれるものを，認知行動療法ではよく「ケース・フォーミュレーション」と呼びます。研究者によって見解は異なりますが，基本的には同じものと理解していただいて構いません。

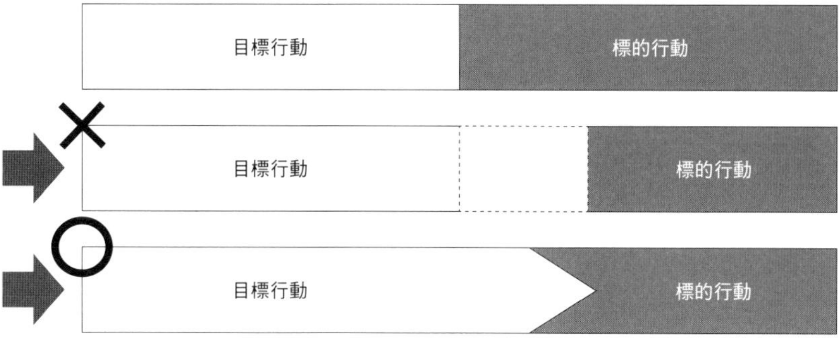

図 7-1　**行動療法による介入の基本方針**

介入していきます（図 7-1）。ここはものすごぉおおく大事です！！　たとえば，授業中の「立ち歩き」が標的行動であれば，「立ち歩き」を減らすという方向の介入ではなく，「自分の机でノートをとる」という目標行動を強化するという介入が中心となります。机でノートをとりながら立ち歩きはできませんので，結果的に机でノートをとるという頻度や時間が増えれば，相対的に立ち歩く頻度や時間は減っていきます。行動療法を用いる際は常にこの発想を忘れないでください！

この基本方針をふまえると，具体的な介入方略としては，標的行動を消去して，目標行動を“正の強化”で増やしていくという**分化強化**がまず挙げられます。第 4 章の“シェーピング”で出てきましたね。

分化強化による介入法はいろいろなものがありますが，はじめに紹介したいのは**代替行動分化強化**です。図 7-2 をご参照いただきながら，読み進めていってください。職場で注目がないときに（先行事象），愚痴ばかり言う（標的行動）人がいました。機能的アセスメントの結果，愚痴を言うと周りが親身に話

＊9　なぜ標的行動を直接減らすような介入は避けるべきなのでしょうか？　標的行動が生起しているということは，その行動はなにか強化を受けて維持されているわけです。つまり，標的行動にはその人にとってなんらかの機能があるから維持されています。なので，標的行動を少なくしてしまうと，図 7-1 の真ん中のように空白ができてしまいます。なにかのために生じていた行動が不足してしまい，なにかが満たせなくなってしまうのです。そうすると標的行動が減った分は，なにか違う行動に移り変わってしまいます。多くの場合，標的行動 A から標的行動 B に移り変わるイメージで，問題や困難の形が変わるだけになります。たとえば，奇声は減ったけど，暴れる行動が増えたとか，自傷行為は減ったけど，過食が増えたなどいうことが生じる可能性があるのです。なので，目標行動を増やし，相対的に標的行動を減らす介入がめざされます。

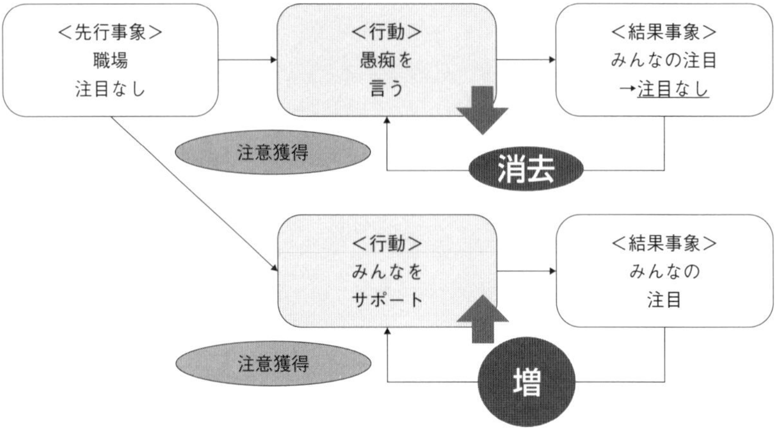

図 7-2　**代替行動分化強化**

を聴いてくれるため（結果事象），愚痴を言うという行動が維持されていることが示唆されました。そこで，その人の業務内容を変更し，みんなをサポートする仕事に抜擢しました。みんなをサポートする仕事（代替行動）をすることで，みんなから感謝されるのです（結果事象）。同時に，愚痴を言ってもあまり取り合わないようにしました（消去）。すると，みんなをサポートするという代替行動が増え，それに伴って，愚痴を言うという行動が減っていきました。

なお，ここでは「愚痴を言う」という注意獲得の機能を持った標的行動を，「みんなをサポートする」という同じく注意獲得の機能を持った行動に置き換えています（**機能的等価性**）。このように標的行動と同じ機能を持つ目標行動が設定できると，介入がうまくいきやすくなります。なので，標的行動の機能をきちんと同定すること，そして標的行動と同じ機能を持つ適応的な行動（目標行動）を考えることがとても重要になります。しかしながら，同じ機能を持つ行動に代替することが難しい場合もありますので，可能な範囲で！ということになります。

標的行動と目標行動を同時に行うことができる場合と，標的行動と目標行動を同時に行うことができない場合があります。前者で分化強化を行う場合を代替行動分化強化といい，それと区別して後者で分化強化を行う場合は，**非両立行動分化強化**といいます（ただし，非両立行動分化強化を代替行動分化強化に

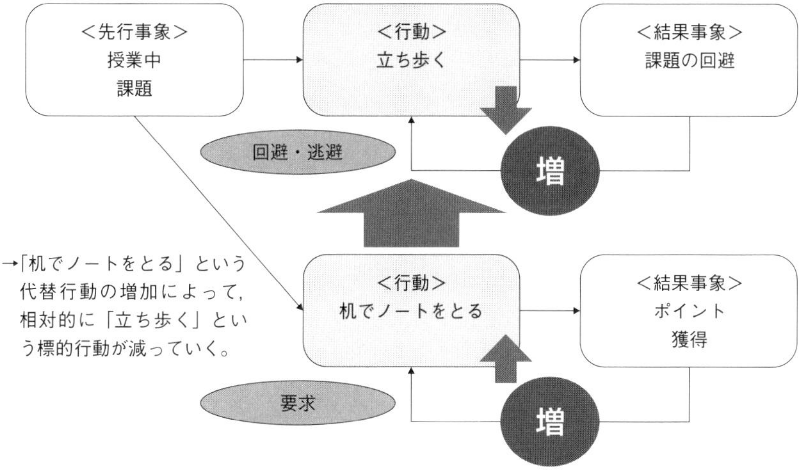

図 7-3　**非両立行動分化強化**

含むと考える立場もあります）。次は図 7-3 をご覧ください。先ほど少し説明した，授業中に先生から課題が出されたときに（先行事象）立ち歩く（標的行動）児童がいました。機能的アセスメントの結果，立ち歩くと課題を回避できるため（結果事象），立ち歩くという行動が生起しているようです。そこで，自分の机でノートをとることができたら（代替行動），ポイントをもらえる（結果事象）ようにセッティングしました。なお，このポイントが 10 ポイントたまると特別な遊具で遊ぶことができます。そうすると，机でノートをとるという代替行動が増えていき，それに伴って，立ち歩く行動が減っていきました。

いずれも正の強化を使って，目標行動を増やし，相対的に標的行動を減らすという介入をしています。「正の強化で介入をしていく」，これこそが行動療法のとてもとても大事な発想です。基本的に行動療法で支援するときは，つねにこの視点を最優先にして介入方略を考えます。

(3) 弱化子による行動のコントロールの問題点

しかし，いったいなぜ行動療法の介入においては正の強化が優先されるのでしょうか。標的行動を減らしたいのであれば，正の弱化，負の弱化あるいは消去なども使えそうです。目標行動を増やすことを考えるのであれば，正の強化だけではなく，負の強化を使うという可能性もありそうです……。

まず，正の弱化や負の強化という“弱化子を用いた行動のコントロール”について考えます。結論から言ってしまうと，弱化子を用いた介入はさまざまなデメリットやリスクが伴うので，特別な場合を除きあまり優先して使われることはありません。

たとえば，弱化子による行動のコントロールは，状況に依存しやすく，行動の抑制効果は一時的で，弱化子を与えるものがいなくなると行動が再発します。怒る怖い先生がいるときは教室が静かですが，先生がいなくなったらざわざわするなんてことがよくあります。

また，弱化子は，恐怖，怒り，抑うつなどのネガティブな情動反応を高めます。その結果，場面逃避／回避的な不適応行動を誘発し，社会生活に支障をきたすおそれがあります。怒鳴る上司がいる職場には行きたくなくなり，深刻な場合は家から出られなくなることもあるでしょう。攻撃行動が自発される場合もあります。積極性や自主性も失われ，自分から工夫してなにかをするなどの行動がなくなっていきます。ちなみに，正の強化を受けた場合は，積極性や自主性が増し，いきいきと行動するようになります。

さらに，繰り返し弱化子でのコントロールを行うと，弱化子が付与される側の弱化子への耐性が上がり，強い弱化子を用いないと効果が出なくなります。最終的にはそれが暴力などにエスカレートすることがあります。その他にもさまざまなデメリットがあることが明らかになっています[＊10]。

消去についても注意が必要です。消去に伴い消去バーストや自発的回復が生じることは第４章でお伝えしました。それだけではなく，怒りや不安などのネガティブな感情を引き起こしたり，攻撃行動を誘発しやすくなったりすることがわかっています。

なお，正の強化と負の弱化は両者とも強化子を使った介入ですが，両者を比べると負の弱化は正の強化と比べてデメリットがあり，メリットが少ないので，やはり正の強化が優先されます（これについては少しだけ次で補足していますのでそちらもあわせてご参照ください）。

＊10　弱化子による行動制御の問題については，日本行動分析学会による「「体罰」に反対する声明」がたいへん参考になります。ぜひご一読ください。

(4) 行動療法のさまざまな技法

本章の最後に行動療法の代表的な技法を少しだけ紹介していきましょう。まずは**トークン・エコノミー法**です。これは正の強化に基づいた支援方略です。図7-3で示した例がまさしくこれに該当します。「(立ち歩く代わりに) 自分の机でノートをとることができたら (行動), たまると特別な遊具で遊ぶことのできるポイント (トークン＝強化子) がもらえる (結果事象)」といったようにセッティングをして, 介入をしていく方法です。

ちなみに, 立ち歩きなど不適切な行動があった場合に, このポイント (トークン) を没収するという方法もあります。これは**反応コスト**と呼ばれており, 負の弱化に基づいた方法です。この場合, ポイントを没収された側にネガティブな感情や攻撃行動が生起するなどの可能性があるため, 使用には注意が必要です。

そのほかに負の弱化に基づく介入として有名なのが**タイムアウト**です。強化子への接触を禁止することで, 行動を弱化する方法です。たとえば, 遊び時間の最中にお友達を叩いてしまった児童を, ただちに別室に連れていき, 遊ぶ→楽しいという強化子から遠ざけます。それによって, 叩くという行動の弱化を試みます。タイムアウトは正の弱化にならないように長すぎてはいけません。年齢などによって異なり, 絶対的な基準はありませんが, 多くは5～30分程度でしょう。

その他の有名なものとして**刺激統制法**が挙げられます。これは行動のきっかけとなる弁別刺激をコントロールすることで, 標的行動を減弱させる方法です。過食を防ぐために, 家に食べ物を置かないなどが例として挙げられます。過食という行動のきっかけとなる食べ物, つまり標的行動を誘発する弁別刺激を撤去してしまうというやり方です。

(松野航大・嶋大樹・原真太郎)

引用・参考文献

Cone, J. D. (1997). Issues in functional analysis in behavioral assessment. *Behaviour Research and Therapy, 35*(3), 259-275. https://doi.org/10.1016/S0005-7967(96)00101-5

出口 光（1988）．行動修正のコンテクスト　行動分析学研究，*2*，48-60．https://doi.org/10.24456/jjba.2.0_48

Dougher, M. J., & Hayes, S. C.（2000）. Clinical Behavior Analysis. In M. J. Dougher.（Ed.）, *Clinical Behavior Analysis*（pp. 11-25）. Context Press.

Hayes, S. C.（1978）. Theory and technology in behavior analysis. *The Behavior Analyst, 1*, 25-33. https://doi.org/10.1007/BF03392370

Hughes, S.（2018）. The Philosophy of Science as It Applies to Clinical Psychology. In S. C. Hayes., & S. G. Hofmann（Eds.）, *Process-Based CBT: The Science and Core Clinical Competencies of Cognitive Behavioral Therapy*（pp. 23-44）. Context Press.

三田村 仰（2017）．はじめてまなぶ行動療法　金剛出版

宮下 照子・免田 賢（2007）．新行動療法入門　ナカニシヤ出版

望月 昭（1988）．障害児（者）教育における行動分析的手法の意味　上里 一郎（編）心身障害児の行動療育（pp. 20-41）同朋舎

望月 昭（1989）．福祉実践の方法論としての行動分析学 ―― 社会福祉と心理学の新しい関係 ―― 社会福祉学，*30*（2），64-84．https://doi.org/10.24469/jssw.30.2_64

望月 昭（1995）．「正の強化」を手段から目的へ　行動分析学研究，*8*（1），4-11．https://doi.org/10.24456/jjba.8.1_4

武藤 崇（2007）．子どもの応用行動分析 ―― 子どもと保護者と教師とみんなのために ―― 大河内 浩人・武藤 崇（編著）行動分析（pp. 59-68）ミネルヴァ書房

武藤 崇（2021）．機能的文脈主義の来し方行く末 ―― 文脈主義によるアプローチ ―― 行動分析学研究，*35*（2），144-157．https://doi.org/10.24456/jjba.35.2_144

武藤 崇・高橋 稔（2007）．成人の応用行動分析 ―― オトナにも行動分析は使える ―― 大河内 浩人・武藤 崇（編著）行動分析（pp. 69-78）ミネルヴァ書房

日本行動分析学会（2014）．「体罰」に反対する声明

O'Donohue, W., & Fryling, M.（2007）. How has applied behavior analysis and behavior therapy changed?: An historical analysis of journals. *The Behavior Analyst Today, 8*（1）, 52- 62. https://doi.org/10.1037/h0100106

Sturmey, P.（1994）. Assessing the functions of aberrant behaviors: A review of psychometric instruments. *Journal of Autism and Developmental Disorders, 24*（3）, 293-304. https://doi.org/10.1007/BF02172228

Ramnerö, J., & Törneke, N.（2008）. *The ABCs of Human Behavior: Behavioral Principles for the Practicing Clinician*. New Harbinger Publications.（ランメロ，J.・トールネケ，N.　松見 淳子（監修）武藤 崇・米山 直樹（監訳）（2009）．臨床行動分析の ABC　日本評論社）

8 さまざまな精神疾患に対する行動療法

8.1　学習理論から行動療法へ

本章では，パニック症，強迫症，うつ病，不眠症といった臨床場面で出会うことの多い精神疾患に対する行動療法について学んでいきます。ここまで学んできた学習に関わる基礎理論が，実際にどのように臨床応用されているのかについて，代表的なものを疾患別に解説していきます。

8.2　パニック症に対する行動療法

(1) パニック症

ある日，電車で通勤中，意識が遠くなる感じがして，めまいがしてきました。気分も悪くなり，心臓もドキドキしてきます。手足が冷たくなり，身体に震えも出てきました。息はどんどん苦しくなり，過呼吸のような状態になって，慌てて電車を降りました。それ以来，電車に乗ることが怖くなってしまいました。

その後，電車の中で軽いめまいや息苦しさを感じると，強い恐怖感に襲われ，たびたび電車を降りてしまうようになりました……。

「電車に乗ったら，また発作が起きるに違いない」という思いがますます強くなり，そのため，最近では電車に全く乗れなくなってしまいました。

これは架空事例ですが，このような症状をパニック発作といいます。このパニック発作が繰り返し生じて社会生活に支障をきたすような精神疾患を**パニック症**といいます。パニック症は行動療法が非常に有効であることが知られています。ここでは，レスポンデント条件づけ，および，オペラント条件づけの理解からパニック症の行動療法について見ていきましょう[*1]。

(2) レスポンデント条件づけからのパニック症の理解

パニック発作が生じると私たちは反射的に恐怖を感じます。これは無条件反射です。「そのとき電車に乗っていた」，つまり，パニック発作→恐怖が生じているときに，中性刺激である電車が対呈示されていたことになります。すると，電車が条件刺激になり，電車に対しても恐怖を感じるようになってしまいます（図8-1）。パニック発作によって電車が恐怖の対象となってしまうのは，このようにレスポンデント条件づけから理解することが可能です。

この理解をもとに行動療法として行われるのが**曝露法**です（図8-2）。ここで電車は，恐怖という条件反応を誘発する条件刺激となっています。その“電車”にどんどん乗っていく（曝していく）ことで，恐怖反応を低減させる方法です。

実際に電車に乗ってみると，はじめはもちろん恐怖が急上昇します。そのとき電車を降りれば，ストンと恐怖は下がります。しかし，そのまま電車に乗り続けていても，実はだんだんと恐怖が下がってくるのです（図8-3）。はっき

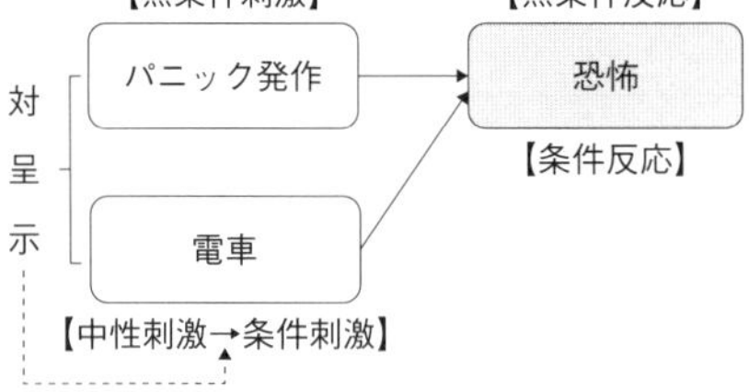

図8-1　パニック症のレスポンデント条件づけからの理解

＊1　ここでの説明は基本的に「マウラーの２要因理論」を参考にしています（Mowrer, 1947）。ただし，近年，マウラーの２要因理論への批判もあり，新しい理論からの説明も登場しています。

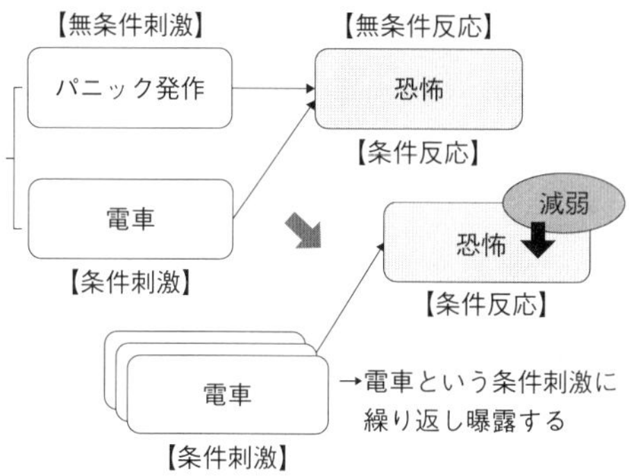

図 8-2 **曝露法**

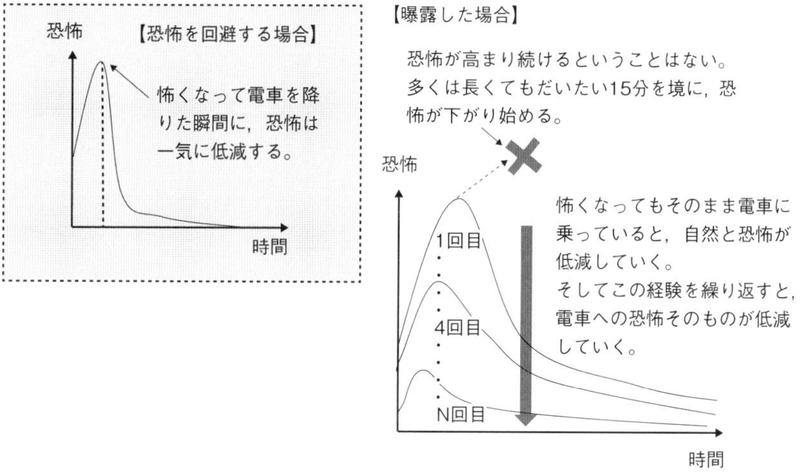

図 8-3 **恐怖の変化**

りとはわかっていませんが，馴化や消去が関連していると考えられています。

ちなみに「電車に乗り続けたらどうなりますか？」とクライエントさんにセラピストが訊くと，クライエントさんの多くは，「恐怖が高まり続けてたいへんなことになってしまう！」とおっしゃいます。しかし，“そうはならないというのが科学的にわかっている”ということをお伝えします。「だいたいどんなに長くても 15 分をピークに必ず不安が下がってきます！」などとクライエントさんに説明するといいでしょう。そして，実際に電車に乗ってもらい，この恐怖の高まりとその後の低減を繰り返し経験してもらいます。そのとき，しっかりと恐怖を感じてもらうことがコツになります。つまり，電車という恐怖を感じる現実場面に曝露することによって，恐怖の低減を体験し，電車に乗っても大丈夫だという感覚が積み重なっていくことでだんだんと恐怖が生じなくなっていくのです。もちろんそれに伴って，パニック発作も出なくなっていきます。

(3) オペラント条件づけからのパニック症の理解

この事例は同時に，オペラント条件づけからの理解も重要です。オペラント条件づけからも理解を試みてみましょう。図 8-4 をご覧ください。

電車およびそれに伴う恐怖（条件反射）が弁別刺激となり，電車を降りるなどの**回避行動**が生じます。その瞬間，恐怖という弱化子の除去が起こります。つまり負の強化により，ますます電車を回避してしまうようになります。そして，症状は悪化していきます。しかし，症状の悪化は遅延結果ですので，直接行動に影響を与えません。症状の悪化は回避行動を減らすことにはほとんど寄与しません。そしてまた「電車に乗ったら，また発作が起きるに違いない」というルールもますます強くなり，恐怖も回避行動も増大していくのです。

オペラント条件づけから曝露法の説明も可能です（図 8-5）。電車に乗るという目標に近づく行動（**接近行動**）をとること（＝曝露）によって，恐怖が多少あったとしても，それはしだいに低減していきます。むしろ，「できた！」と

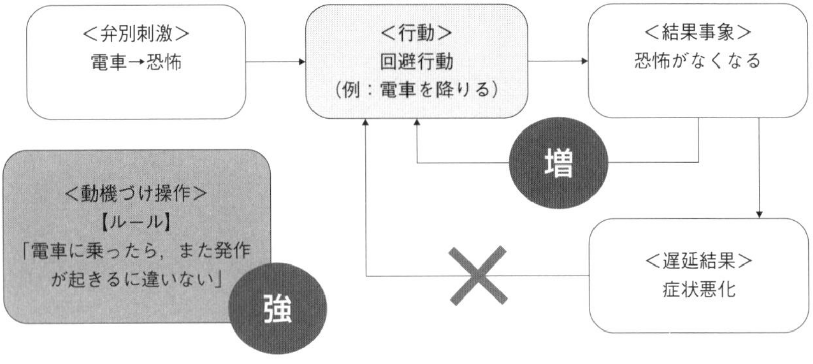

図 8-4　パニック症のオペラント条件づけからの理解

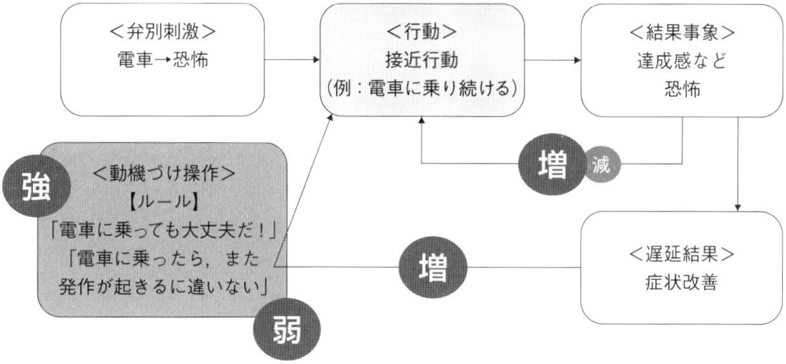

図 8-5　**曝露法のオペラント条件づけからの理解**

いう達成感などが得られます。症状も改善するため，「電車に乗っても大丈夫だ！」という新しいルールが確立したり，「電車に乗ったら，また発作が起きるに違いない」というルールが弱まったりすることによって，さらに恐怖は低減し，電車に乗るという行動が増加していくのです。結果的に安心して電車に乗れるようになっていくので，パニック発作もなくなっていきます[*2]。

（4）曝露法の進め方

基本的には，第 3 章で扱った系統的脱感作と似たような手順で実施していきます。つまり，①関係性の構築→②心理教育→③不安階層表の作成と準備をして，④実際に曝露へと進んでいきます。①情報収集をしながら，関係性の構築をして，②ここまで解説したのと同じようにクライエントさんの事例に照らし合わせながら，問題が維持されているメカニズムと治療法についてお伝えしていきます。そして，曝露に取り組むことが決まったら，③不安階層表を作成して，④やりやすいものから曝露を実施していきます。たとえば，急行電車より各駅電車からやったほうがやりやすいでしょうし，地下鉄より地上を走る電車のほうが安心できる方も少なくありません。曝露は宿題としてやってきてもら

＊2　実際のパニック発作につながるような恐怖を誘発する刺激に曝露するのではなく，パニック発作につながるような身体感覚に曝露する方法が提案されています。それを**内部感覚エクスポージャー**といいます。息苦しさやめまいを意図的に生じさせ，「こんな身体感覚が少し出てきても落ち着いて対処すれば大丈夫だ」という感じで，不快な身体感覚に曝露していく方法です。

うことが多いですが，その際，図 8-3 右のようなグラフを書いてきてもらうことがおすすめです。効果が視覚的にわかります。クライエントさんと相談して，不安階層表を作成し，取り組みやすいものからチャレンジしていきましょう。

曝露がうまくいくようになにか工夫をするのもいいですね！　たとえば，**呼吸法**など，少し異変を感じたときの対処法をお伝えすることもあります。また，曝露の方法として，セラピストが一緒にクライエントさんと電車に乗るなんてこともあります。

8.3　強迫症に対する行動療法

(1) 強迫症

「留守中に空き巣に入られてしまうのではないか？」「火事になったらどうしよう！」と不安になって，戸締りの確認や火の元の確認を何度もしてしまう。場合によっては，家を出てしばらくしてからまた不安になってしまい，家に戻ってもう一度大丈夫か確認してしまう。また，「汚れているんじゃないか？きれいにしないと病気になってしまうのではないか？」と不安になって，手を何度も洗ったり，お風呂に何時間も入ったりしてしまう。あるいは車で自宅に帰ってきた後で，「誰かを轢いてしまったんじゃないか」と不安になって，同じ道をもう一度車で確認しに行ったり，警察に電話して事故がなかったかどうか確認したりしてしまう……。

クライエントさんによって，症状はさまざまですが，このような“強迫観念”によって，不安が想起し，“強迫行為”が生じて生活に支障が出るような精神疾患を**強迫症**といいます[*3]。

(2) 強迫症のオペラント条件づけからの理解

強迫症は図 8-6 のようなメカニズムで維持されていると考えられています。

＊3　強迫症には不安が伴うことが多いですが，不安はほとんど見られず，衝動性を軸に強迫行動が生じるケースもあります。その場合は，これ以降で説明する曝露反応妨害法以外の方法が用いられることがあります。

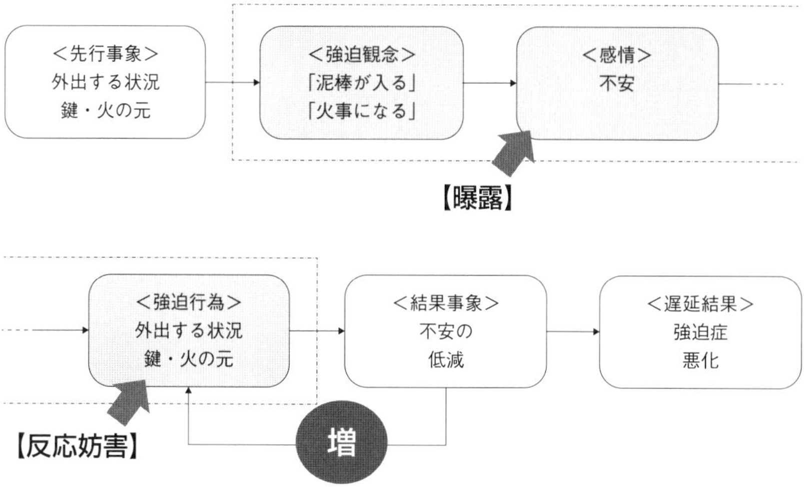

図 8-6　**強迫症のオペラント条件づけからの理解と曝露反応妨害法**

今回は戸締りと火の元の確認強迫の例を用いて見ていきます。まず，外出する状況で，鍵や火の元が先行事象となって，強迫観念が引き起こされます。「泥棒が入ったらどうしよう」「火事になったらどうしよう」という考えが頭をよぎり，不安がわいてきます。そしてその不安はとても苦痛なものですので，それを打ち消す（中和）するために，鍵や火の元の確認といった強迫行為が生じます。強迫行為をしたその瞬間，不安がすっとなくなります（図 8-3 左の部分と同じです）。これは弱化子の撤去にあたり，つまり負の強化によって［強迫観念–感情–強迫行為］といった一連の行動が強化されてしまうのです（まとめる必要はあまりないのですが，三項随伴性の枠組みでとらえるのであれば，一点鎖線での囲い部分を反応連鎖と考えるとわかりやすいでしょう）。その結果，強迫症は悪化していきます。

(3) 曝露反応妨害法

この強迫症の理解に基づいて生まれた行動療法が**曝露反応妨害法**です。曝露反応妨害法は，強迫症に強力なエビデンスが示されています。曝露反応妨害法は強迫行為が生じそうなときに，その反応を止める，つまり強迫行為を妨害する方法です。同時に，強迫観念に伴う不安に曝露もしていきます。不安への曝露と強迫行為を妨害するという要素から構成されています（図 8-6 もあわせて参照）。

曝露反応妨害法の“反応妨害”の部分をもう少し詳しく説明してみましょう。反応妨害とはこれまで不安を下げるためにしてきた強迫行為をあえてしないということです。たとえば，鍵を閉めたか心配になっても確認をしに戻らない／汚いものに触っても手を洗わない／運転後，人をひいていないか確かめに行かない…などが反応妨害にあたります。一方，“曝露”は，これまで恐れていたことに自分を徐々にあるいは段階的に曝すことです。反応妨害を行うことで自動的に曝露される部分もありますが，心配でもあえて戸締りと火の元を確認せずに外出する／汚いものに触る／怖くても車の運転をする……などをすることによって，強迫観念に伴う不安に曝露することもあります。

（4）曝露反応妨害法の進め方

基本的には系統的脱感作やパニック症の進め方と同様になります。①関係性の構築→②心理教育→③不安階層表の作成と準備をして（表 8-1），④曝露反応妨害法へと進んでいきます。不安階層表をもとに，チャレンジしたらしっかりと成功体験ができそうな難易度の課題を設定し，実際に曝露と反応妨害に取り組んでいきます。“反応妨害しても”，つまり，「“強迫行為をしなくても”，時間がたてばしっかりと不安が下がって落ち着いた」「“強迫行為をしなくても”済んだ！　できた！」という経験を繰り返し体験してもらいます。宿題として取り組んでもらうことが多いですが，その際，パニック症のやり方と同じよう

表 8-1　不安階層表の例

SUD	場面
100	戸締りと火の元の確認をせず，外出（1 日）
80	確認せず，外出（6 時間）
60	5 分だけ確認して，外出（6 時間）
35	15 分だけ確認して，外出（3 時間）
15	30 分だけ確認をして外出（3 時間）

に図 8-3 右のような形で記録をつけてきてもらいましょう。しだいに強迫観念が薄くなって不安も小さくなり，強迫行為もだんだんとなくなっていきます。

ただし，この方法は情緒的に苦痛が伴うので，ドロップアウトに注意が必要です。まず，クライエントさんの困難感をきちんと共有することが大前提になります。強迫症の場合，クライエントさんの多くが「自分でもこんなことするのはおかしいと思う。けど，やらずにはいられないんです……」などという苦しさを抱えています。その部分をセラピストがきちんと受けとめて共有することが治療を進める上で必要不可欠です。また，曝露反応妨害法が無理なく実施できるように，取り組む課題の難易度の調整を含め，いろいろな工夫をするといいでしょう。

曝露反応妨害法で強迫症がよくなってくると，自然とやりたいことができるようになってくるので，それで終結に向かっていくことも少なくないのですが，“代替行動”を想定しておくのは必須でしょう。「強迫症が良くなって強迫行為が減ったら，その分，なにをしていきたいのか？」という目標設定をきちんとして，それを増やしていくという視点も忘れてはなりません。そうしないと，「ある強迫行為が改善したら，その分，違う強迫行為など新しい症状や問題が出てきた」ということが生じる場合があるのです。曝露反応妨害法を実施するときは目標設定，すなわち代替行動を必ず考慮して進めることが大切です。

8.4　うつ病に対する行動療法

(1) うつ病

うつ病とは，気分の落ち込み，興味の減退，不眠などの睡眠の問題，食欲の変化，思考力の減退，希死念慮など，さまざまな症状が見られる精神疾患です。また，うつ病は，活動性にも影響し，これまで従事していた活動（仕事，学校，家庭での活動）が抑制されることで社会生活を円滑に送れなくなることも問題になります。社会生活を円滑に送れなくなると，「自分は日常生活ですら普通に送れないんだ」というように自責感や焦燥感が生じて，ますます気分が落ち込むことも起こりえます。

うつ病の理解については，行動療法の視点からこれまでにさまざまな議論がなされてきました。そしてその議論の歴史とともに，うつ病の行動療法として**行動活性化療法**（Behavioral Activation: BA）が発展していきました。ここからは行動活性化療法の展開を追いながら，行動活性化療法とはどんな行動療法なのかということについて学んでいきましょう。

(2) 行動活性化療法の理論的展開

行動活性化療法の始まりは，Skinner, B. F. によって検討されたうつ病の行動分析であるとされています。Skinner はオペラント条件づけからうつ病を理解しようとしました。そしてその後，**Ferster, C. B.** が，基礎的に理論化された Skinner によるうつ病の行動分析を臨床で活用できるように発展させました。Ferster（1973）によれば，正の強化が生じるまでにどのくらい行動する必要があるかという観点が，うつ病の遷延化にとって重要であるとされています。すなわち，正の強化が得られるまでに長期間にわたって行動する，あるいは，何度も行動する必要がある場合には，うつ病が遷延化すると考えました。また，このような状態が続くと，正の強化を受ける行動が減り，一方で負の強化を受ける行動が増えていきます。負の強化を受ける行動は，嫌なことを避けたり不快な感情を和らげたりする**回避行動**ととらえられます。このように正の強化を受ける行動が減りながら回避行動が増えていくと，活動性が低下し，気分がどんどん落ち込んでいきます。

たとえば，いくら勉強しても内容がさっぱり理解できないし，テストの点数が上がらないと，もはや勉強するという行動がだんだんと減っていきます（正の強化を受ける行動が減る)。一生懸命勉強をしたにもかかわらず理解もできず，テストで高い点数を取れなったら，がっかりする気持ちになってしまうのも当然です。嫌な気分になるのは誰しもが避けたいものです。そうすると，勉強をせずに家で寝転んでいる時間が長くなり（回避行動が増え)，活動性が低下し，気分がどんどん落ち込んでいきます。

Ferster の理論は行動理論の観点からうつ病の遷延化を理解することに寄与しましたが，具体的な心理療法を開発するなどの臨床実践までには行き着きませんでした。しかし，その後，Ferster の理論は **Lewinsohn, P. M.** に引き継がれ，行動活性化療法として花開くことになりました。Lewinsohn et al.（1980）の行動活性化療法では，うつ病は，正の強化を受ける機会が減少することによって維持されると考えます。こうした考えを基盤としてLewinsohnの行動活性化療法では，正の強化を受ける行動を起こす計画を立てて，その計画に基づいて行動することに取り組みます。この取り組みによって，正の強化を受ける機会が日常生活のなかで豊富になります。このようにして，うつ病の改善をめざすのです。

(3) 認知療法と行動活性化療法

Lewinsohnの行動活性化療法がうつ病に対する治療法として実践されるのと同時期に，うつ病に対する治療法として**Beck, A. T.**の**認知療法**が開発されました（Beck, 1979）。認知療法では，認知や行動にアプローチすることで思考や信念を変容させることをめざします。認知療法における行動へのアプローチとしては，計画に基づいて行動するというLewinsohnの行動活性化療法と“見かけ上類似した”技法が採用されています。このLewinsohnの行動活性化療法と“見かけ上類似した”行動的技法は，「活動スケジュール」や「行動実験」などという形で認知療法に取り込まれています。

たとえば行動実験では，あらかじめ予測していた結果が，行動することによって実際に起こった結果と同じであったかを振り返ることで，思考や信念の現実的妥当性を検証します（e.g., 散歩をすると人目が気になって嫌な気持ちになると思っていたが，実際に散歩をしたら意外に自分のことを見る人が全然いなくて嫌な気持ちにならなかった）。すなわち，Lewinsohnの行動活性化療法と見かけ上類似している行動実験がめざしていることは，正の強化を受ける機会を増やすのではなく，思考や信念の変容ということになります。このようにして行動活性化は，認知療法を構成する技法として組み込まれることになりました。

行動活性化が認知療法の行動的技法として組み込まれてから，認知療法を構成する技法のうち，どの技法がうつ病の改善に寄与するかということに関心が集まりました。Jacobson et al.（1996）は，行動活性化を単独で行った群と行動活性化を含めた認知療法の技法を行った群との間において，うつ病の改善効果に差が確認されなかったという研究結果を報告しました。この報告がきっかけとなり，行動療法としての行動活性化に注目する潮流が再び動き出すことになりました。

(4) Martellの行動活性化療法

Jacobson, N. S.の研究報告から，行動療法としての行動活性化療法が復権しました。Martell, C. R.は，過去に提唱されたFersterの理論やLewinsohnの行動活性化療法に加えて，Hayes, S. C.の機能的文脈主義（Hayes et al., 1999）を取り入れた行動活性化療法を開発しました（Martell et al., 2001）。なお，Martellの行動活性化療法は，“行動療法の第3の波”の代表格として広く知られています。

Martellの行動活性化療法では，機能的文脈主義を重視します。ここでの文脈とは，個人にとってその行動や環境がどのように位置づけられているのかという視点です。たとえば，その個人にとってその行動は価値のあるものなのか（その個人がおかれている仕事や学校または家庭といった環境において重要な行動なのか）という視点が重視されます。すなわち，Martellの行動活性化療法では，誰もが正の強化を受けそうな行動ではなく，個人の価値観や個人が置かれた環境に合わせた行動（**接近行動**）を増やすことが重要になっています。

また，Martellの行動活性化療法では，行動することで気分が変わるという体験について振り返ります。うつ病は，気分が落ち込むとともに日々の活動が抑制されます。このような状態のとき，「気分がよくなったら行動しよう」としても，ただ待っていて気分がよくなることはほとんどありません。たとえば，家で寝転ぶという回避行動が維持し，最終的に気分が落ち込んだままになります。そこで，「気分がよくなったら行動しよう」ではなく，「行動して気分を変えよう」という視点を持って「まずは行動する」ことをめざします。Martellの行動活性化療法では，「気分がよくなったら行動しよう」を“inside-out”「内側（気分）から外側（行動）を変える」，「行動して気分を変えよう」を“outside-in”「外側（行動）から内側（気分）を変える」と呼んでいます[*4]。

「気分がよくなったら行動しよう」というinside-outと「行動して気分を変えよう」というoutside-inを理解するモデルとして，TRAP《トラップ》モデルとTRAC《トラック》モデ

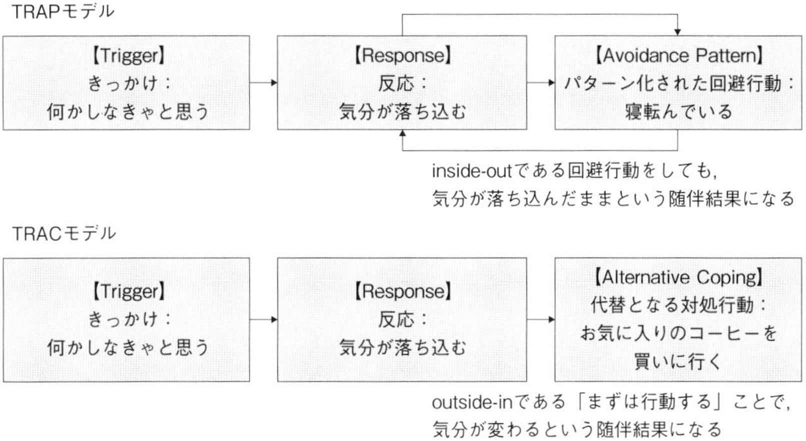

図 8-7 **TRAP モデルから TRAC モデルへ** (Martell et al., 2010；岡島他，2011)

ルが提唱されています（Martell et al., 2010）（図 8-7）。TRAP モデルは，「Trigger（きっかけ）-Response（反応）-Avoidance Pattern（パターン化された回避行動）」のことであり，inside-out である回避行動をしても気分が落ち込んだままという随伴結果になることを説明します。TRAC モデルは，「Trigger（きっかけ）-Response（反応）-Alternative Coping（代替となる対処行動）」のことであり，outside-in である「まずは行動する」ことで気分が変わるという随伴結果になることを説明します。たとえば TRAP モデルでは，これから何かしなきゃと思ったものの（Trigger），気分が落ち込み（Response），結局寝転んでいると（Avoidance Pattern），気分が落ち込んだままになると理解します。一方 TRAC モデルでは，気分が落ち込んだとしても，まずは外に出てお気に入りのコーヒーを買いに行くと（Alternative Coping），気分がよくなっていくと理解します。TRAP モデルと TRAC モデルから，気分が落ち込んでいたとしても「まずは行動」して，「とにかく行動してみたら気分が変わった！」という体験を振り返ることが大切です。

＊4 実は Skinner も昔からこれを指摘していたようです。「感情を変えることではなく，随伴性を変化させることによって感情に介入するのである」と。やや乱暴な言い方ですが，気分を変えたければ，まず自分の行動を変えるのが大事だということですね。

伊藤・松見（2008）を参考にすれば，行動活性化とは，「回避行動とそれに伴う負の強化に対して，活動性の上昇，つまり楽しめる活動や目標指向的な行動（接近行動）への従事頻度を上げることによって，正の強化を得られる機会を増加させ，抑うつの改善を試みる行動的アプローチ」とまとめることができるでしょう。

8.5 不眠に対する行動療法

(1) 不眠とは

不眠とは，夜間眠れないという不眠症状と，夜間眠れなかったことによって日々の活動に支障をきたす日中の機能低下がみられる睡眠の問題です。不眠症状には，夜眠ろうとしてから眠りにつけない症状と，夜眠っている途中や朝早くに目が覚めてから眠りにつけない症状があります。不眠は，眠りたくてもなかなか眠りにつけないこと，眠れない苦しい時間を過ごすことが苦痛となり，クライエントさんを悩ませます。

不眠は一時的なものであれば誰もが経験する睡眠の問題です。ストレスフルな出来事や心身の不調といった直接的原因によって，多くの不眠は発症します。ほとんどの場合，直接的原因がなくなれば不眠も自然に消失します。しかしながら，直接的原因がなくなったり直接的原因が不明確であったりする場合でも，不眠が遷延化することがあります。

(2) 学習理論から理解する不眠

不眠は，就寝環境に入っても覚醒していることによって生じるといわれています。就寝環境で覚醒しているということは，身体が緊張していたり頭のなかでいろいろと考え込んでいたりする状態のことです。この状態だと眠りにつきにくくなります。Bootzin（1972）は，学習理論の観点から就寝環境で覚醒が高まることを説明し，不眠の遷延化メカニズムについて理解しようとしました。ここからは図 8-8 をご覧いただきながら，ひとつひとつ内容を確認していきましょう。

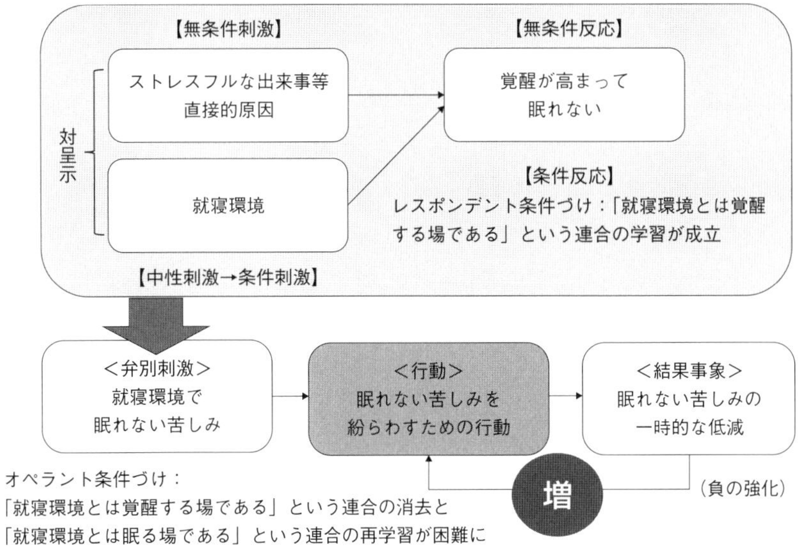

図 8-8　**学習理論から見た不眠の遷延化メカニズム**（Bootzin, 1972；山本，2013）

ストレスフルな出来事や心身の不調といった直接的原因によって不眠がもたらされます。このことについて，レスポンデント条件づけの観点からは，直接的原因（無条件刺激）によって覚醒が高まり（無条件反応），結果的に不眠になると理解することができます。直接的原因が長引くと，直接的原因（無条件刺激）と就寝環境（中性刺激）の対呈示が繰り返されることになります。この対呈示によって，就寝環境（中性刺激→条件刺激）と覚醒の高まり（条件反応）が連合するという学習が成立します。すなわち，直接的原因がなかったとしても，就寝環境に入るだけで覚醒が高まって眠りにつけなくなるのです。

就寝環境に入ってもなかなか眠りにつけないということは，就寝環境で眠れない時間を過ごすことを意味します。就寝環境で眠れない時間を過ごすことはたいへん苦痛です。こうした苦しい時間を過ごしていると，苦しみを紛らわせるために就寝環境でさまざまな行動が生じます。たとえば，布団の中でスマートフォンを見たり，SNS で誰かとコミュニケーションをとったりするといった行動が挙げられます。これらの行動は，就寝環境での苦しみを紛らわすことができるため（クライエントさんにとっては苦しみから回避できる行動であるため），今後も眠りにつけない場合に選択され続けます。こうした就寝環境での行動が維持されることについては，オペラント条件づけの観点から理解することができます。就寝環境での苦しみ（弁別刺激）があると，就寝環境で苦しみを紛らわすための行動（行動）が起こり，結果として苦しみが低減する（結果事象）ことになります。すなわち，就寝環境における苦しみからの回避行動が生じており，結果として苦しみが低減するというオペラント条件づけの負の強化による学習が成立し，この回避行動は維持されることになります。

このように不眠の遷延化は，レスポンデント条件づけとオペラント条件づけの両方から理解することができます。レスポンデント条件づけの観点からは，就寝環境に入るだけで覚醒が高まって眠りにつけないメカニズムである「就寝環境とは覚醒する場である」という連合が維持され続ける限り，不眠も遷延化すると理解できます。言い換えれば，「就寝環境とは覚醒する場である」という連合を消去して，「就寝環境とは眠る場である」という連合の再学習が成立すれば，不眠は消失するわけです。しかしながら，「就寝環境とは覚醒する場である」という連合の消去と「就寝環境とは眠る場である」という連合の再学習は，オペラント条件づけの観点から難しいと理解することができます。不眠は，眠れない時間を過ごすことが苦しみとなります。眠れないなか，就寝環境でスマートフォンを観るといった行動は，眠れない時間を過ごす苦しみを一時的に低減する機能があります。一時的とはいえ苦しみを低減することから，就寝環境で行動（結果的に覚醒）し続けることになります。このことは，「就寝環境とは覚醒する場である」という学習を促進すると同時に「就寝環境とは眠る場である」という連合の再学習を妨げることとなり，不眠が長期的に維持することになるのです。

（3）不眠に対する行動療法

学習理論における不眠の遷延化メカニズムの理解に基づき，不眠に対する行動療法では「就寝環境とは覚醒する場である」という連合を消去して，「就寝環境とは眠る場である」という連合の再学習を成立させることが目的となります。具体的には，刺激統制法と睡眠制限法といった介入方略がよく用いられます。

(4) 刺激統制法

刺激統制法（Bootzin, 1972）は，就寝環境を眠るための場として，睡眠と性交渉以外の行動に従事しないように教示する介入方略です。「就寝環境とは睡眠のための場である」とすることで,「就寝環境とは覚醒する場である」という連合の消去と「就寝環境とは眠る場である」という連合の再学習をめざします。具体的には,「眠くなった際に就寝環境に入る」「就寝環境は睡眠と性交渉のみのために用いる」「就寝環境に入ってからまたは途中で起きてから，10 分経っても眠れない場合は，就寝環境から出る」といった教示を行います。同時に，睡眠–覚醒リズムを規則正しくすることを目的として,「毎朝同じ時刻に起床する」「昼寝など仮眠をとらないようにする」といった教示も行います。

クライエントさんは,「布団で横になって身体を休ませたい」や「布団で横になっていれば少しは眠ったことになる」という考えにしばしば至ります。それに対して刺激統制法は,「眠くなってから就寝環境に入る」「眠れないときには就寝環境から出る」といった教示を行うため,「横になりたい」という欲求に反するものとなります。これらの教示文はシンプルなものに思えますが，夜早い時刻から就寝環境に入れないことや，眠れないときに就寝環境にいられないことは，クライエントさんにとっては酷なことなのです。ですから，教示を行う際には一人ひとりの考えや生活に合わせた丁寧な工夫や配慮が必要不可欠になります。

「少しでも就寝環境にいたい」としても，これらの教示を受け入れやすくするために，たとえば，就寝環境から出た後の時間を「自由な時間」として就寝環境の外で従事したい活動（ただし，かえって興奮しないような静かな活動）にあてることについて話し合う必要があります。また，眠気が高まってから就寝環境に入ると，眠気が高まった分すぐに眠りにつけるため，眠れなくて苦しむ時間を短縮できることを共有するのも大切です。同時に,「自分にとって楽しい活動に従事していると,“皮肉なことに（もっと楽しい活動をしていたいのに)”だんだん眠くなってきた」という体験について振り返ることも重要です。

(5) 睡眠制限法

睡眠制限法（Spielman et al., 1987）は，起床時刻を固定した上で，眠りにつきやすいように（眠気を貯めるように）就寝時刻を遅延させる介入方略です。就寝環境にいる時間のうち実際の睡眠時間（睡眠効率）を 85％とすることで，「就寝環境とは覚醒する場である」という連合の消去と「就寝環境とは眠る場である」という連合の再学習をめざします。睡眠効率が 90％以上であれば就寝時刻を 15 分前進させ，睡眠効率が 85％未満であれば就寝時刻を起床時刻から実際の睡眠時間に遡らせた時刻に設定します。睡眠制限法でも，昼寝をしないよう教示します。

刺激統制法と同様に睡眠制限法も，内容としてはシンプルですが，就寝時刻を遅延させるため「少しでも就寝環境にいたい」という考えに反することになります。そのため，クライエントさんにとっては一時的には苦痛を伴います。ですので，睡眠制限法を実施する際には心理教育がとても重要になります。「就寝時刻を遅らせることが眠気を高めることと就寝環境に入ってすぐに眠りにつけることにつながる」という恩恵を十分に共有することが大切です。

（6）不眠症に対する認知行動療法

現在，不眠に対する心理療法として**不眠症に対する認知行動療法**（Cognitive Behavioral Therapy for Insomnia：CBT-I）が注目されています。不眠に対して多くのエビデンスが報告されており，刺激統制法と睡眠制限法をはじめ複数の支援方略がパッケージ化されています。たとえば，認知再構成法，睡眠衛生教育，リラクセーションといった支援方略が挙げられます。これらの支援方略は，それぞれ“ねらい”が異なります。上述の通り，刺激統制法と睡眠制限法であれば，「就寝環境とは覚醒する場であるという連合の消去」ならびに「就寝環境とは眠る場であるという連合の再学習」がねらいとなります。認知再構成法であれば「睡眠に関する非機能的な信念の変容」，睡眠衛生教育であれば「不眠を維持させる生活習慣や睡眠環境の調整」，リラクセーションであれば「身体的覚醒の低減」がねらいとなります。このように CBT-I は不眠のメカニズムの理解に基づいて，さまざまな角度から介入する認知行動療法として発展し続けています。

（原真太郎・松野航大・嶋大樹）

引用・参考文献

American Psychiatric Association (2022). *Diagnostic and Statistical Manual of Mental Disorders* (5th ed., text revision). Washington, DC: American Psychiatric Association Publishing.（米国精神医学会　髙橋 三郎・大野 裕（監訳）(2023). DSM-5-TR　精神疾患の診断・統計マニュアル　医学書院）

Beck, A., Rush, A., Shaw, B. F., & Emery, G. (1979). *Cognitive Therapy for Depression*. Guilford Press.（ベック，A. T.・ラッシュ，A. J.・ショウ，B. F.・エメリィ，G.　坂野 雄二（監訳）神村 栄一・清水 里美・前田 基成（訳）(2007). うつ病の認知療法 新版　岩崎学術出版社）

Bootzin, R. R. (1972). A stimulus control treatment for insomnia. Proceedings, 80th Annual Convention American Psychological Association, 1395–396.

Ferster, C. B. (1973). A functional analysis of depression. *American Psychologist, 28* (10), 857–870.

Hayes, S. C., Strosahl, K. D., & Wilson, K. G. (1999). *Acceptance and Commitment Therapy: An Experimental Approach to Behavior Change*. Guilford Press.

伊藤 直・松見 淳子 (2008). 行動活性化モデルに基づく大学生の抑うつ傾向と快活動の関係の検討　人文論究（関西学院大学），*58* (2), 34-48.

Jacobson, E. (1934). *You Must Relax*. University of Chicago Press.

Jacobson, N. S., Dobson, K. S., Truax, P. A., Addis, M. E., Koerner, K., Gollan, J. K., Gortner, E., & Prince, S. E. (1996). A component analysis of cognitive-behavioral treatment for depression. *Journal of Consulting and Clinical Psychology, 64* (2), 295–304.

Lewinsohn, P. M., Sullivan, J. M., & Grosscup, S. J. (1980). Changing reinforcing events: An approach to the treatment of depression. *Psychotherapy: Theory, Research & Practice, 17* (3), 322–334.

Martell, C. R., Addis, M. E., & Jacobson, N. S. (2001). *Depression in Context: Strategy for Guided Action.* W. W. Norton.（マーテル，C. R.・アディス，M. E.・ジェイコブソン，N. S.　熊野 宏昭・鈴木 伸一（監訳）(2011). うつ病の行動活性化療法 ── 新世代の認知行動療法によるブレイクスルー ──　日本評論社）

Martell, C. R., Dimidjian, S., & Herman-Dunn, R. (2010). *Behavioral Activation for Depression: A Clinician's Guide*. Guilford Press.（マーテル，C. R.・ディミジアン，S.・ハーマン-ダン，R.　坂井 誠・大野 裕（監訳）(2013). セラピストのための行動活性化ガイドブック〈うつ病を治療する 10 の中核原則〉　創元社）

宮下 照子・免田 賢 (2007). 新行動療法入門　ナカニシヤ出版

Mowrer, O. H. (1947). On the dual nature of learning—a re-interpretation of "conditioning" and "problem-solving." *Harvard Educational Review, 17*, 102–148.

岡島 義・国里 愛彦・中島 俊・高垣 耕企 (2011). うつ病に対する行動活性化療法 ── 歴史的展望とメタ分析 ──　心理学評論，*54* (4), 473-488.

Spielman, A. J., Saskin, P., & Thorpy, M. J. (1987). Treatment of chronic insomnia by restriction of time in bed. *Sleep, 10* (1), 45–56.

山本 隆一郎 (2013). 不眠の認知行動療法の歴史とエビデンス　睡眠医療，*7*, 262-267.

第3部

認知療法，認知行動療法への展開 そして第3の波へ

9 認知療法

9.1 認知療法

(1) 認知療法

認知療法（cognitive therapy）とは，1960年代頃から Beck, A. T. によって開発された心理療法です。認知療法は行動療法の第2の波に区分されます。そもそもはうつ病の治療法として誕生し，うつ病に対する心理療法として初めて実証的な効果を示したことで爆発的に広まりました。その後，不安症やパーソナリティ症，摂食症，統合失調症，カップルの問題など，さまざまな精神疾患や心理的問題に効果を示しています。

➡認知療法
認知が行動，感情，身体に影響を与えるという理解に基づいて，認知を変容することにより，症状や問題の改善をめざす心理療法。

(2) 認知療法における事象のとらえ方

認知療法は，認知理論や情報処理理論が背景理論となっており，学習理論をベースとする行動療法とは根本的に異なります。そのため，基本的な考え方としては，【出来事】→【認知】→【反応】という流れが想定されています。つまり認知療法では，何か出来事が生じると，その瞬間にふっと頭の中に考えが浮かび，それが反応につながると考えます。出来事に対してふっと頭に浮かんでくる考えには名前がついていて，これを**自動思考**（automatic thought）といいます。最終的なアウトプットである反応は，この自動思考によって影響を受けます。なお，具体的な反応としては，感情，行動，身体反応がこれにあたります。

たとえば，廊下で上司とすれ違ったときに「おはようございます」と言ったが，上司がなにも言わずに通り過ぎてしまったという場面を考えてみましょう。これが出来事になります。その瞬間，頭の中にふっと考えがよぎりました。「私って上司に嫌われているのかな」「なにか気分を悪くするようなことをしただろうか」。これが自動思考です。その結果，不安と悲しさ（感情）があふれ出し，トイレに行って（行動），一人で涙しました（身体反応）。結果的に生じた感情・行動・身体反応は，どれも自動思考によって生じた反応です。

ここで重要なのが，認知療法においては自動思考つまり認知によって，最終的なアプトプットである反応が決定づけられているということです。認知療法ではその名のとおり，認知を中心に事象をとらえており，そのため介入POINTも認知が主たるターゲットになります。

（3）Beck の認知モデル

廊下で上司とすれ違ったときに「おはようございます」と言ったが，上司がなにも言わずに通り過ぎてしまったという出来事が起きても，「気づかなかったんだな」「なんか慌てていたのかな」という考えがでてくる人もいるでしょう。同じ出来事なのに人によって違う自動思考が生まれてくるのはなぜなのでしょうか。それはスキーマと認知の歪み[*1]から説明することができます。

スキーマ（schema）とは，人生のなかで形成されてきた，個々の持っている思い込みや価値観などの比較的強固な信念のことです。このスキーマを背景に自動思考が創出されます。ただ，スキーマからダイレクトに自動思考が導かれるわけではなく，そこには認知の歪みが影響を与えます。

認知の歪み（cognitive distortions）とは，簡単にいうと“考え方の傾向”です。「いつもこういう風に考えがち」と言い換えるとわかりやすいでしょうか。

＊1　認知の歪みは，「認知の偏り」や「推論の誤り」などと呼ばれることもあります。

ちなみに，ネガティブな方向だけではなく，ポジティブな方向に歪むこともあります。認知の歪みはいろいろとありますが，せっかくなのでここでいくつか認知の歪みの例を見ていきましょう。

たとえば，曖昧な状態に耐えられず常に白黒はっきりさせたくなる傾向は「全か無か的思考」（二分割思考）などと呼ばれる認知の歪みです。また，ごくわずかな事実を取りあげて，他のことも同じだと決めつけてしまう傾向は「過度の一般化」と呼ばれます。良くないことが起こるとなんでも「自分のせいだ」「自分が悪かったんだ」と自分を責めてしまう「自己関連づけ」なんていうものもあります。ほかにもたくさんの種類の認知の歪みが概念化されています。

さて，「なぜ同じ出来事を経験しても人によって出てくる自動思考が異なるのか」ということに，今一度話を戻しましょう。なにか出来事が生じたときは，スキーマを背景として自動思考が生起しますが，そこには認知の歪みが影響を与えます。スキーマや認知の歪みは個々人によってさまざまです。ですから，同じ出来事を経験しても，そのときに出てくる自動思考は人によって異なり，それに伴う反応も変わってくるのです。

なお，Beck はうつ病患者に見られる“自己”と“世界”と“未来”に対する否定的な見方を**認知の三徴**（cognitive triad）と呼びました。Beck のうつ病の認知モデルでは，この認知の三徴とスキーマと認知の歪みという 3 つの要素が感情のなかに存在すると仮定されています。

（4）Padesky & Mooney の認知モデル

近年，認知療法・認知行動療法のモデルとしてよく紹介されているのが Padesky & Mooney（1990）の認知モデルです（図 9-1）。このモデルは，環境と個人が影響し合っており，さらに個人の内部にある認知・行動・身体・感情も相互作用していると仮定しています。

先ほどの例で見ていきましょう。廊下で上司とすれ違ったときに「おはようございます」と言ったが，上司がなにも言わずに通り過ぎてしまったという出来事（環境）によって，「嫌われているのかな」という考えが浮かんだ（認知）。そうしたら不安な気持ちがわいて（感情），心臓がどきどきしてきた（身体）。脈が早くなるのを感じたら，ますます不安が強くなり（感情），より悪い結果を

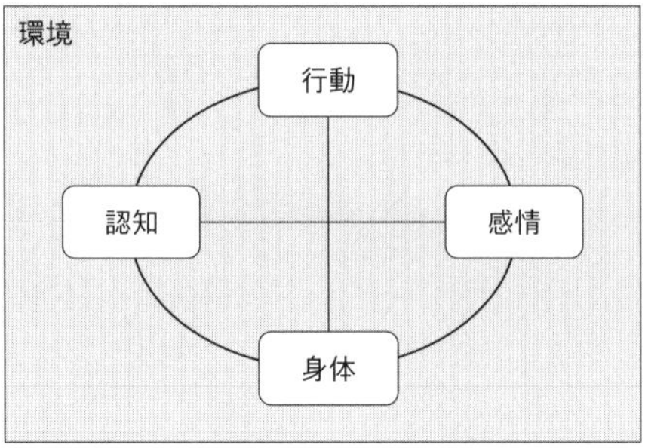

図 9-1 Padesky & Mooney の認知モデル（Padesky & Mooney, 1990 を参考に一部改変）

さらに考え始め（認知），トイレに逃げ込み（行動），涙があふれた（身体）……。この例を見ると，認知・行動・感情・身体のそれぞれがそれぞれに影響を与え合ってぐるぐるしています。つまり各々が相互作用しているということがわかります。

したがって，環境と個人，そして個人のなかの認知・行動・感情・身体のすべてが相互作用しているわけですから，介入はどの部分からアプローチしても良いということが示唆されます。もちろん認知療法は認知の変容が主なターゲットになるわけですが，認知に直接アプローチするだけなく，そのために行動にアプローチしたり，薬物療法やリラクセーションで身体→感情にアプローチしたりするという可能性を柔軟に考えることができるようになります。このPadesky & Mooney の認知モデルはクライエントさんにもわかりやすく，ケース・フォーミュレーションを行う際などによく使われています。

（5）協同的経験主義

認知療法では**協同的経験主義**（協同的実証主義，collaborative empiricism）が大切にされます。協同的経験主義とはクライエントさんとセラピストが一緒に協力をしながら，科学者のように現実をしっかり見つめ，現実と思考をバランスよく検討していく姿勢です。

協同的経験主義のなかでは，クライエントさん自らに気づいてもらうという，**誘導による発見**もたいへん重要です。セラピストはあくまでも気づきのガイド役であることを徹底します。この協同的経験主義は，現代の認知行動療法にも大切なものとして引き継がれています。

9.2 認知再構成法

(1) 認知療法の技法

認知療法には，認知的技法だけでなく，行動的技法も含め数多くの技法が存在しています*2。ただし，認知療法は認知の変容をねらいとするので，いずれの場合も介入 POINT は認知です。認知療法の技法は多岐にわたり，認知再構成法，利益不利益分析，心配の時間管理法，問題解決技法，行動実験など，挙げればきりがありません。そこで今回は認知療法のなかでも最も有名で最もよく使われる認知再構成法について詳しく見ていきましょう。

(2) 認知再構成法

何かつらい出来事があったときに，ネガティブな考え（自動思考）が浮かんで，つらい気持ち（感情）になってしまうことがあります。そんなときに，ネガティブな考え方だけでなく，現実に即して，その他の新しい考え方（適応的思考）を柔軟に見つけることによって気持ちを楽にする技法があります。それが**認知再構成法**です。現実を見ながら，気持ちを楽にするさまざまな可能性を柔軟に探していきます。

➡認知再構成法
ネガティブな反応の原因となる自動思考に対して，適応的思考を意図的に案出することで，ネガティブな反応を改善する技法。

認知再構成法では，**コラム法**と呼ばれる，非機能的思考記録表（コラム）という用紙を使う方法がよく用いられます（表 9-1）。コラム法は次のように行います。

*2　一般的には，症状が重い場合は行動的技法がメインとなり，症状が軽快するにつれて認知的技法のウエイトが増えてくるイメージです。ただし，もちろんこの限りではありません。例外はたくさんあります。

表 9-1　認知再構成法（コラム法）の例

出来事	その時の感情（　%）	自動思考	適応的思考	今の感情（　%）
廊下で上司とすれ違った時に「おはようございます」と声をかけたが，無言で行ってしまった。	不安（80%） 悲しさ（90%）	「私って上司に嫌われているのかな」 「なにか気分を悪くするようなことをしただろうか」	「気づかなかったんだな」 「なんか慌てていたのかな」 「昨日，上司から飲みに誘ってくれた」	不安（30%） 悲しさ（20%）

①まず最初に出来事の欄を埋めていきます。できるだけ具体的にそのときの状況を記述していきます。

②次にそのときに生じた感情を記入します。その際，それぞれの感情ごとに0 ～ 100％で感情の強さも忘れずに記入します。

③あわせて，自動思考を埋めていきましょう。その出来事が起こった瞬間に，頭の中に浮かんだ考えを書いてください。

よく感情と自動思考の書き分けに迷う方がいらっしゃいますが，感情は“単語”で表せるもの（ゆううつ，不安，楽しい，さみしいなど），自動思考は“文”で表せるもの（「私はいつも失敗する。」「私は誰からも愛されない。」など）と区別しておくとうまく書き分けることができます[＊3]。

④そうしたら，片っ端から気持ちを楽にする考えを出していきます。ここが肝です。気持ちが楽になるのであれば，どんな突飛な考えでも構いません。“できるだけたくさん適応的思考を案出すること”が重要です[＊4]。

＊3　感情がうまく出てこないときは，自動思考をヒントにしましょう。「こう考えるとどんな気持ちなる？」と自分に質問すると感情が出てくるかもしれません。自動思考が出てこないときは感情をヒントにしましょう。「なんで（どんなことを考えて）こんな感情になったの？」と自分に質問をすると自動思考が出てくるかもしれません。

＊4　なぜできるだけたくさん適応的思考を考える必要があるのでしょうか。そこには大事な理由があります。認知再構成法の技法が開発された当初はいかに認知の“内容”を変化させる（修正する）かがPOINTでした。しかし，後の研究で，自動思考の“影響力”を減らすことが重要だとわかってきたのです（これは第３の波でいう認知の“機能の変容”です）。もし，自動思考しか考えが浮かんでいなければ，その自動思考が感情に与える影響力は100％なわけです。自動思考しか存在しないからです。しかし，ひとつひとつの確信度が高くなくても気持ちを楽にする適応的思考がたくさん案出されればされるだけ，適応的思考の影響力が高まり，相対的に自動思考の影響力は弱まります。その結果，つらさが楽になるのです。そのため，たくさん適応的思考を出して，自動思考の威力を少しでも弱めることが大切になるのです。

⑤そして，それができたら①～④までを最初から見渡して，今の感情を見てみましょう。もともとあった感情の強さはどうなりましたか？　もしなにか新しい感情が出てきたら，その感情の名前と強さも記入してください。

ぜひご自身の例で試していただきたいのですが，多くの方はこれで気持ちが楽になるはずです。抜群の効果を示すことも少なくありません。ただ，一部の方においては，「全然変わらなかった」「むしろ文字にしたことでリアルになってしまって，つらさが増した」なんてことも起こりえます。これについては，認知再構成法の練習を繰り返すことでだんだんと効果が感じられるということもよくあるので，しばらくは練習を続けてみてください。繰り返すことでより効果が高くなります。ただ，何度やってもうまくいかないということであれば，すぐに切り替えて他の技法を試すべきでしょう。臨床場面においてもこの技法が合わない方がいらっしゃいます。目の前のクライエントさんに合った支援を選ぶことが大切です。

(3) 適応的思考の見つけ方

さて，適応的思考をたくさん出すことが重要であるとお伝えしましたが，「それが思いつかないから困るんだ！」という声をよくお聴きします。これについては先人たちがいくつかユニークな方法を考案してくれているので，少し紹介していきたいと思います。

まずよく使うのは「他人が同じ立場にいたら，自分は何とその人にアドバイスするか考えてみる」です。実際につらい出来事が生じたのは自分なのですが，知り合いの誰かにまったく同じことが起きたと想定して，「その人がそのことで自分に相談に来たらなんとアドバイスするか？」「何と言って励ますか？」を考えると適応的思考が出てきやすくなります。それと似ていますが，「家族や友人，尊敬する人などが自分と同じ出来事を経験したら，その人たちは，どう考えるか想像してみる」ことによっても，思いもよらない適応的思考が出てくるかもしれません。それでもなかなか思いつかなければ，「自動思考に反論してみましょう」あるいは「ネガティブな考えと異なる現実を探しましょう」というやり方もあります。表 9-1 の例であれば，「よく考えたら，朝，出社したとき向こうから笑顔であいさつしてくれたな」などと，自動思考に反論してみたり，自動思考と反対の事実を探したりすると，適応的思考が出やすくなります。こんな工夫をしながらたくさんの適応的思考を見つけ出してみて下さい。

認知再構成法は繰り返し練習することによって上達していきますので，何度も取り組んでみることが大切です。最初は面倒でもやはり紙に書いて練習することがおすすめです。そうすることによって，客観的に自分の考えと感情を分析するクセがつきます[*5]。慣れてくると，何かネガティブな出来事があったとき，すぐに頭の中で認知再構成法ができるようになります。そうすると，つらい出来事があった際，その場である程度気持ちをコントロールすることができるようになります。

9.3 認知療法の展開――新しい認知療法

認知療法は行動療法のさまざまなエッセンスを取り込み，認知行動療法（認知療法系認知行動療法）として発展を続けていますが，認知療法をベースにした新しい認知療法・認知行動療法も誕生しています。たとえば，ボーダーラインパーソナリティ症に治療効果を示した**スキーマ療法**（Young et al., 2003）や，理論的基盤が頑健で，メタ認知に焦点を当てて介入をしていく**メタ認知療法**（Wells, 2009）などが有名です[*6]。認知療法は今も拡大を続けており，今後の展開が期待されます。

（松野航大・原真太郎・嶋大樹）

＊5　第10章のマインドフルネスもご参照いただきたいのですが，実は認知再構成法はマインドフルネスとも関わっており，認知再構成法によってマインドフルネスの力が向上することもあるそうです。

＊6　認知療法の発展形であるスキーマ療法やメタ認知療法は，理論的基盤の違いから行動療法の第3の波に含まれることはあまりありません。ただし，“新世代の認知行動療法”という包括的な言い方をする際には，新しい認知行動療法のひとつとして扱われています。

引用・参考文献

Beck, A. T.（1976）. *Cognitive Therapy and the Emotional Disorders.* International Universities Press.（ベック，A. T.　大野 裕（訳）（1990）．認知療法 ―― 精神療法の新しい発展 ――　岩崎学術出版社）

Beck, A., Rush, A., Shaw, B. F., & Emery, G.（1979）. *Cognitive Therapy for Depression*. Guilford Press.（ベック，A. T.・ラッシュ，A. J.・ショウ，B. F.・エメリィ，G.　坂野 雄二（監訳）神村 栄一・清水 里美・前田 基成（訳）（2007）．うつ病の認知療法《新版》　岩崎学術出版社）

大野 裕（2010）．認知療法・認知行動療法 治療者用マニュアルガイド　星和書店

Padesky, C. A. & Mooney, K. A.（1990）. Clinical tip presenting the cognitive model to clients. *The International Cognitive Therapy Newsletter*, *6*, 13-14.

Wells, A.,（2009）. *Metacognitive Therapy for Anxiety and Depression*. New York: The Guilford Press.（ウェルズ，A.　熊野 宏昭・今井 正司・境 泉洋（監訳）（2012）．メタ認知療法 ―― うつと不安の新しいケースフォーミュレーション ――　日本評論社）

Young, J. E., Klosko, J. S., & Weishaar, M. E.（2003）. *Schema Therapy : A Practitioner's Guide*. The Guilford Press.（ヤング，J. E.・クロスコ，J. E.・ウェイシャー，M. E.　伊藤 絵美（監訳）（2008）．スキーマ療法 ―― パーソナリティの問題に対する統合的認知行動療法アプローチ ――　金剛出版）

10 行動療法の第3の波

最後に，**行動療法の第3の波**といわれる新しい認知行動療法について概観していきます[*1]。第3の波には次のような特徴があります（Hayes, 2004）。

①心理的事象の形態だけでなく文脈と機能に注意を払う
②直接的で教示的な戦略に加えて，文脈的で体験的な戦略を採用する
③問題の除去よりも，幅広く，柔軟で，効果的なレパートリーを確立する

そこにはマインドフルネスの要素が見てとれます。マインドフルネスは最新の認知行動療法の多くに取り入れられており，第3の波を理解する上で大変に重要なものです。そこで本章では，マインドフルネスをはじめ，新しい行動療法について代表的なものをご紹介していきます。

10.1 マインドフルネス

(1) マインドフルネスとは

マインドフルネス（mindfulness）は Kabat-Zinn, J. が慢性疼痛患者を対象と

＊1　本書では新しい認知行動療法を「行動療法の第3の波」と表現していますが，研究者によってその表現は微妙に異なります。「第3世代の行動療法」，「第3世代の認知行動療法」などと呼ばれることもあります。さらに，最新の行動療法系認知行動療法，最新の認知療法系認知行動療法，そして，マインドフルネス系認知行動療法を包括した意味で「新世代の認知行動療法」と表現される場合もあります。微妙なニュアンスの違いはありますが，基本的にどの表現も内容の大半は重なっていますので，だいたい同じものとしてとらえていただいて大丈夫です。

した治療法として，**マインドフルネスストレス低減法**（Mindfulness-Based Stress Reduction : MBSR）を開発したことに端を発します（Kabat-Zinn, 1990）。このマインドフルネスはブッダの提唱した瞑想法に由来しています。具体的には，ひとつの対象に注意を向けていくように取り組んでいく“サマタ瞑想”，そして，複数の対象に同時に注意を向けていくように取り組んでいく“ヴィパッサナー瞑想”のエッセンスが取り入れられています[*2]。

その後マインドフルネスは，**マインドフルネス認知療法**（Mindfulness-based Cognitive Therapy : MBCT），弁証法的行動療法，アクセプタンス＆コミットメント・セラピーなど，たくさんの新しい認知行動療法に取り入れられ，効果をあげています。

さて，マインドフルネスとはいったいどんなものなのでしょうか？　MBSRの創始者のKabat-Zinnは以下のように定義しています（Kabat-Zinn, 1994）。

➡マインドフルネス

「今，ここでの自身の経験を評価や判断を加えることなく注意を向け，あるがままに知覚する」という態度。

少し言い方を変えてみましょう。私たちは止まることのない時間の流れのなかに生きています。マインドフルネスとは，その1秒1秒過ぎていく「“今，この瞬間”に生じている，自分の身体感覚・思考・感情などのあらゆる“自身の体験”に，客観的に“気づき”，それらをあるがままに“受け入れている”こころの状態」というと少しわかりやすいでしょうか。

たとえば，今，足の先に注意を向けて，どんな感覚があるか少し観察してみましょう。床や靴下と触れている感覚に気づくかもしれません。「冷えている

＊2 「マインドフルネス」という名前でも各認知行動療法によって，その中身には多少の差異があります。たとえば，一般的にマインドフルネスでは，今，この瞬間に生じている自身の体験をこころの中で具体的なことばにする「ラベリング」を，練習を始めたころにはよく用いますが，必須とはされていません。しかし，弁証法的行動療法では「描写する（ことばにする)」，つまりラベリングが必須とされています。はたまた，アクセプタンス＆コミットメント・セラピーあれば，同じマインドフルネスでも，よりことばや思考といった側面が強調されている印象です。このように微妙な違いが見受けられます。

また，弁証法的行動療法におけるマインドフルネスは，キリスト教の瞑想と禅の影響を受けており，マインドフルネスストレス低減法などとは由来もやや異なります。

なぁ……」などと足先の体温に気づくかもしれません。これは，今，この瞬間の足先という自身の身体感覚にマインドフルに気づいてみるということをやってもらいました。「今，こんな感覚を感じている（自分がいるなぁ）……」と，ちょっとマインドフルネスを体験してもらえたのではないかと思います。今は身体感覚を例に出しましたが，思考や感情も同じようにできます。たとえば，「今，『ラーメン食べたいなぁ』って考え（思考）が頭に浮かんでいるなぁ……」とか，「今，とても『不安』（感情）を感じている自分がいるなぁ……」みたいな感じで，今この瞬間に生じている自分の体験に気づき，それをしっかりと受け入れている状態がマインドフルネスです。

(2) マインドフルネスとマインドレスネス

ここまでの説明で「マインドフルネス……なんだかわかったようなわからないような……」というのが正直な感想かと思います（マインドフルネスを学び始めたころはみなさん同じような感じなので安心してください。私もそうでした）。今度はもうひとつ違う角度からマインドフルネスについて説明をして，理解を深めていきましょう。

マインドフルネスと対極な状態のことをマインドレスネスといいます。マインドフルネスとこのマインドレスネスを比較するとマインドフルネスが少しわかりやすくなるかもしれません。ぜひ図 10-1 をご覧いただきながら，読み進めていってください。**マインドレスネス**（mindlessness）とはひとつひとつの身体感覚，思考，感情などを意識することなく，自動的に動いているような状態のことです。“自動操縦”状態などとたとえられたりします。「思考のままに動いている」「衝動のままに動いている」ような状態です＊3。

私たちはのどが渇いたとき，自然に冷蔵庫に麦茶を取りに行き，特に何も考えずに麦茶をグラスに注ぎ，それを飲み干します。そのときに「右足を上げた。右足が着いた。左足が上がった。左足が着いた……」と冷蔵庫に向かったり，

＊3 マインドレスネスが悪いものというわけでありません。マインドレスネスがなければとてもじゃありませんが，日常生活を送っていくことはできません（喉が渇いたときにいちいちマインドフルネスになっていたら，いつまでたっても麦茶が飲めません）。大事なのは必要なときにマインドフルネスに切り替えられることです。

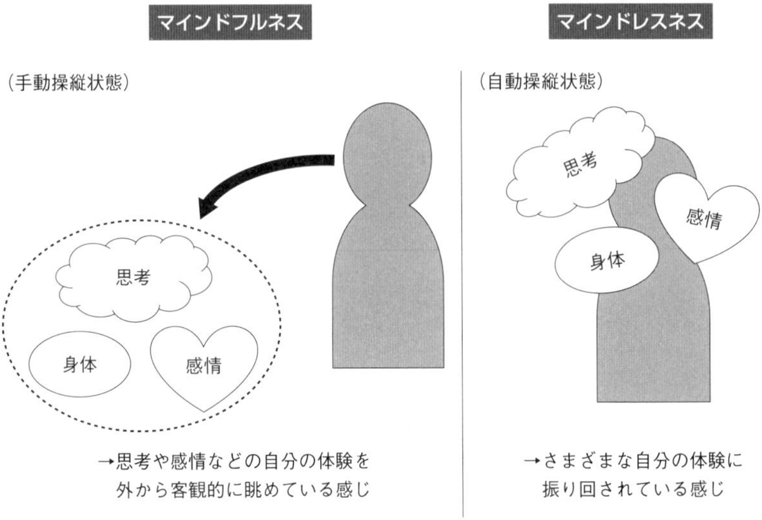

図10-1　マインドフルネスとマインドレスネス

「筋肉に力が入って手を持ち上げる感じがする……。冷蔵庫のドアノブに触れた。冷たい……」などと気づきながら冷蔵庫の扉を開けたりはしません。自然と自動的に身体が動いて，冷蔵庫から麦茶を取り出して飲みます。この状態がマインドレスネスです。逆に，先ほどの「右足着いた……左足が上がった……」はマインドフルネスといえるわけですが，ひとつひとつの感覚や動作に気がつきながら動いているので“手動操縦”状態などとたとえられます。

さらに，思考や感情との関係で見てみましょう。なにかの出来事をきっかけにネガティブな考えが浮かんでつらい気持ちが大きくなった。そうするとより悪いことを考えこんでしまい，つらい気持ちがもっともっと大きくなった。さらには昔の嫌な記憶まで出てきて……とぐるぐるぐるぐるネガティブなことを考え続け，それに伴ってつらい気持ちがどんどんどんどん膨らんでいくときがあります[*4]。これはマインドレスネスな状態といえるでしょう。一方，思考や感情にマインドフルネスである状態とは，思考や感情と自分とを切り分けて，

＊4　ぐるぐる考え込んでしまうことを「反すう」や「心配」といいます。反すうはおもに過去のことをぐるぐる考えてしまうことを指し，心配はおもに未来のことをぐるぐる考えてしまうことを指します。反すうや心配は役立つ場面も多く，必ずしも悪いものではないのですが，反すうはうつと関連が高いことがわかっており，心配は不安と関連が高いことがわかっています。

それらに気づいている状態といえます。「今，自分は『自分ってダメな人間だ』と考えている」「それで『悲しい』気持ちになっているんだなぁ」のように，思考や感情を客観的にとらえることができている状態といってもいいかもしれません。そうすると，思考や感情に自分が巻き込まれなくて済むようになり，結果的につらさが楽になることがあります（逆にしっかり自分の感情などに気づくことによって，ある意味でつらさが増す場合もあります)。ただ，誤解しないでいただきたいのは，“切り分ける”といっても，見ないとか断ち切るというわけではありません。むしろ切り分けた上で，今，この瞬間の自分の体験に，積極的にしっかりと関わっていきます。

(3) マインドフルネスの練習

マインドフルネスを理解するために，理論的な部分をきちんと学んでいくことはもちろんとても大切です。しかしながら，マインドフルネスのどのテキストでもいわれているように，なによりも“自分自身がマインドフルネスの練習を積み重ねて，たくさんのマインドフルな体験をすること”，これがマインドフルネスを体得する一番の近道であることは間違いありません。

マインドフルネスの練習法で代表的なものは，呼吸をしているときの身体の感覚を観察する「呼吸法」，レーズンをじっくり観察しながら食べる「レーズン・エクササイズ」，全身の各部位に注意を向けてひとつひとつ観察していく「ボディスキャン」などが挙げられます。ただ，練習法は無限にあります。と言いますか，「なんでも構いません！　なんでもできます！」。今，この瞬間の自分の体験に気づくということがマインドフルネスですので，いつでもどこでも練習することが可能です。まずはなんでもいいので練習をしてみましょう。もちろんマインドフルネスの専門書をのぞいてみると多種多様なエクササイズが紹介されていますので，そちらもぜひ参考にしてみてください。

ひとつだけ紹介すると，呼吸法を使った練習はこんな感じです[＊5]。

＊5　マインドフルネス呼吸法はリラクセーションの呼吸法とは異なります。マインドフルネス呼吸法によって，結果的にリラックスすることはありますが，マインドフルネス呼吸法の目的はあくまでも“気づき”であり，リラクセーションを目的としたものではありません。

マインドフルネス呼吸法

呼吸法は，背筋がすっと伸び，余計な力が入っていない，集中しやすい姿勢で行ってください。目は閉じておくか薄目にしておくのがよいでしょう。姿勢が定まったら，腹部や胸部などの呼吸を感じることのできる身体感覚に注意を向けていきましょう。その際，呼吸はコントロールせずに，身体がしたいペースで，あるがままに。お腹が膨らんだり縮んだり……今，この瞬間の呼吸に伴う身体感覚に気づきを向け続けましょう。エクササイズを続けていると，思考や感情，あるいは他の身体感覚などに注意がそれることがあります。そのような場合には，何に注意がそれたのかを確認して，もう一度呼吸に意識を戻し，また呼吸の感覚に気づいていきます。

次に，注意のフォーカスを広げて，身体全体で呼吸をするような感覚で，身体全体のさまざまな身体感覚に同時に気づきを向けていきましょう。思考や感情が生じた場合も，今，この瞬間の体験のひとつとして，それらも同時に観察し続けてください。

最後に，まぶたの裏に注意を向け，そっと目を開けて，エクササイズは終了です。

繰り返しになりますが，マインドフルネス上達のコツは“とにかくたくさん練習すること”です。音源などのガイドを使いながら，毎日まとまった時間きちんと練習できるのがベストではあります。しかし，毎日まとまった時間をとって練習するのは難しいですよね。それならば，日常生活のなかでちょっとずつマインドフルネスな瞬間を取り入れて，短い時間でも構いませんので，練習する機会を増やしてください。たとえば，家を出て最初の曲がり角までの歩くときの足の裏の感覚に気づく。洗顔，シャワーのときの泡の感じや匂い，お湯の感触に気づく。お菓子やごはんを食べるときに味や食感，香りに注意を向ける。電車で立っているときの身体の感覚を観察してみる。嫌なことを考えたときに何を考えたのかに気づく……などなど，日常生活での行動はなんでも練習になるので，少しずつ毎日の生活に取り入れていきましょう。

ちなみになぜ日々のなかでの練習が必要かというと，実際に感情を揺るがすようなつらい出来事があったそのときに，マインドフルネスになれるようにするためです。運動などと似ています。毎日練習するからいざ本番の試合のときに力を発揮できるわけで，もし練習しなかったら試合でいいパフォーマンスは出せません。マインドフルネスも同じです。大きな感情が生じたときには誰しもがマインドフルネスにはなかなかなりづらく，マインドレスネスになりがちです。毎日，難しい状況ではないときに練習を積み重ねることによって，いざ本番のなにかつらい気持ちになったときに上手にマインドフルネスを使える可能性が高まるのです。ですので，日々，練習を続けることがとてもとても重要です。筆者も日々練習しています（本当ですよ！！）。

(4) マインドフルネスの効果

まだまだマインドフルネスの研究は始まったばかりですが，マインドフルネスには本当にさまざまな効果が示されています。実際に，マインドフルネスを中心とした心理療法（マインドフルネス系認知行動療法），マインドフルネスを取り入れた新しい認知行動療法で，さまざまな心理的問題や精神疾患に対してたくさんのエビデンスが出ています。たとえば，マインドフルネス認知療法はうつの再発予防に効果が認められたことが広く知られています（Segal et al., 2002）。弁証法的行動療法ではボーダーラインパーソナリティ症等の感情調節困難に多数のエビデンスが示されています（e.g., Linehan, 1993a, 2015）。ほかにも少し調べるだけでたくさんのエビデンスを見つけることができます。

ただ，マインドフルネスの作用機序はまだはっきりわかっていない部分も多くあります。今後マインドフルネスは，多少形を変えながら，たくさんの基礎的な知見を積み上げ，同時にたくさんのエビデンスを示しながらますます発展していくでしょう。

10.2 弁証法的行動療法

(1) 弁証法的行動療法（DBT）とは

弁証法的行動療法（Dialectical Behavior Therapy : DBT）は **Linehan, M. M.**

(1993a, 1993b）によって開発された行動療法です。従来治療が難しいとされていたボーダーラインパーソナリティ症（Borderline Personality Disorder : BPD）に対してたくさんのエビデンスを示しました。その後，BPDだけでなく，うつ病，双極症，摂食症，注意欠如多動症，物質関連症など感情調節困難を特徴とするさまざま心理的問題に対して治療効果が報告されています（Linehan, 1993a, 2015）。

DBTは，第3の波の中でも初期に誕生した行動療法として知られています。DBTが従来の認知行動療法と異なる点として，

①その時点の行動をそのまま受容し，承認することに焦点を当てている
②セラピーを妨害するような行動の治療を強調する
③治療の基本として治療関係を重視する
④弁証法的プロセスに焦点を当てる

という4点が示されています（Linehan, 1993a）。

(2) 治療形態

DBTはかなり大掛かりな治療法で，①個人精神療法，②集団スキル訓練，③電話コンサルテーション，④セラピストのためのケース・コンサルテーション・ミーティングという4つの治療形態から構成されています。

①**個人精神療法**：あらゆる治療戦略を用いて，不適応的な行動を抑制し，それらを適応的な行動（心理社会的スキルなど）に置き換えていくことがめざされます。不適応的な行動を誘発し，強化している個人的・環境的な要因や動機の問題についても詳細に扱われます。
②**集団スキル訓練**：「マインドフルネス・スキル」をコア・スキルと位置づけ，苦痛に耐えたり苦痛を受け入れたりするためのさまざまな手法からなる「苦痛耐性スキル」，対立的な状況の対処方法や要求の仕方・断り方などが含まれる「対人関係保持スキル」，感情のコントロールに関わる技法群からなる「感情調節スキル」といった4つの心理社会的スキルを学んでいきま

す。基本的にはグループ・セラピーの形態で心理教育的な介入が行われます。

③電話コンサルテーション：セッションとセッションの間に，患者が24時間利用できる電話相談です。電話コンサルテーションは，援助希求の練習，心理社会的スキルの般化，治療関係の修復などで用いられます。

④ケース・コンサルテーション・ミーティング：DBTに関わるすべてのセラピストが参加するミーティングです。治療経過中に生じた問題を検討すると同時に，セラピストの動機づけや能力を改善し，バーンアウトを防ぐねらいがあります。

これら4つの治療形態がそれぞれ有機的に連動することにより包括的な治療が展開されていきます。

(3) DBTの治療戦略

DBTではこれら4つの治療形態のなかで，“戦略”といわれるさまざまな介入を実施していきます。戦略とは目標を達成するためにセラピストが用いる活動や戦術，手続きを連携させたものです。DBTではたくさんの戦略が用意されていますが，数ある戦略のなかで特に重要であるのが，弁証法的戦略，承認戦略，問題解決戦略になります。承認戦略とは直接的な受容戦略です。一方，問題解決戦略は，直接的な変化の戦略です。そして，**弁証法的戦略**とは治療全体に関わるもので，承認戦略や問題解決戦略などといった一見相反する方法のバランスをとるための戦略になります（図10-2）。承認戦略と問題解決戦略は，DBTにおいて核となる戦略として位置づけられており，弁証法的戦略と並ぶ治療の根幹であるとされています。ここからは承認戦略と問題解決戦略について詳しく見ていきましょう。

承認戦略は，DBTにおける最も明確で直接的な受容戦略です。**承認**（validation）とは，「患者に対し，患者の行動は現在の状況のなかで当然のことで，理解可能であると明瞭に伝えること」と定義されます（Linehan, 1993a）*6。

＊6　本書ではvalidationを「承認」と訳しています。文献によって，validationは「認証」，「妥当化」などと訳されることがあります。

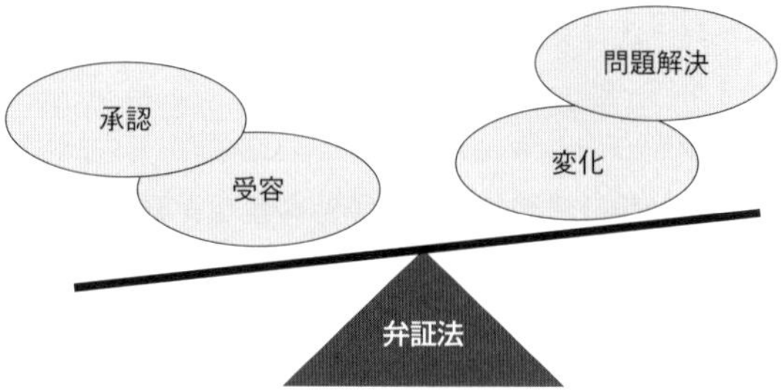

図 10-2　**弁証法的戦略のイメージ**

承認は DBT を特徴づける最も重要な概念のひとつです。承認には，3 つのステップが必要となります。第一が，積極的な観察です。これは，セラピストが患者さんに生じたこと，あるいはこの瞬間に患者さんに起ころうとしていることについて情報を集め，患者さんの感情，認知，行動，身体感覚などに関して聴いたり，観察したりすることです。第二は，映し返しです。これは，セラピストが患者さんに対し，患者さん自身の感情，認知，行動，身体感覚などを正確に表現し返すことを指します。そして，第三の直接的な承認は，セラピストが患者さんの反応のなかにある知恵や妥当性を探し出して，表現し，その反応が真に理解可能であると伝えることです。承認によってセラピストは，患者さんが自分自身を理解しようとするのを助けることが可能となります。

問題解決戦略は，問題解決のための実用的なアプローチを促進することを目的とした変化に向けた戦略です。問題解決戦略は，問題を理解し受容する段階と，新たな解決法を作り出し，評価し，実行を試みる段階の二段階からなります。受容に焦点を当てる第一段階では行動分析などが用いられ，変化に焦点を当てる第二段階では解決法分析などが用いられます。

なかでも行動分析は DBT の中でも最も重要な戦略のひとつとされています。行動分析では，まず分析対象となる問題を患者さんが同定し，その後，連鎖分析（行動連鎖分析）という技法を用いて，問題を検証していきます（図 10-3）。

そして，この行動分析に基づいて解決法分析が行われます。解決法分析では，特定の変化の手法が期待する変化をもたらすことを患者さんに示し，変化の手法に対する患者さんの関わりを引き出し，それを強化していきます。

その他，スキル訓練，不測の事態への手続き，曝露，認知の修正などのさま

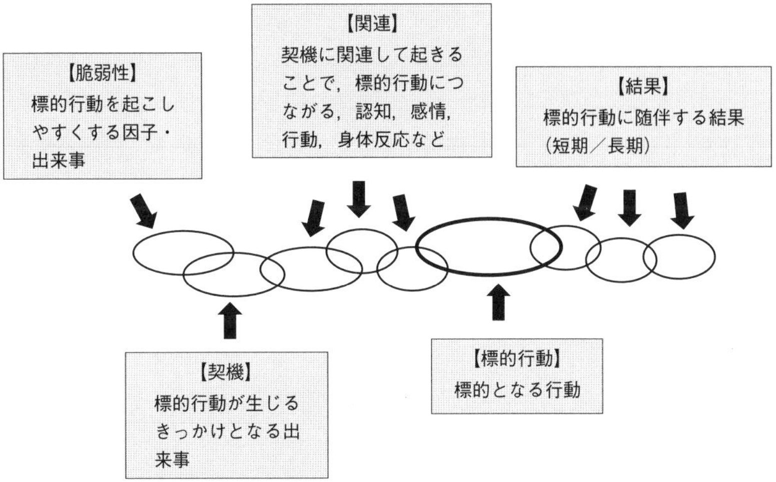

図 10-3　**連鎖分析（行動連鎖分析）**

ざまな手法が問題解決戦略では用いられます。

DBT が進展していくプロセス中で，承認戦略と問題解決戦略のバランスは状況に合わせて常に変化していきます。セラピストはいつ何時も受容のための承認戦略と変化のための問題解決戦略のバランスをとりながら治療を進めていきます。つまり，弁証法的戦略を常に使いながら治療を進めていくのです。

DBT では，①個人精神療法，②集団スキル訓練，③電話コンサルテーション，④セラピストのためのケース・コンサルテーション・ミーティングという 4 つの治療形態において，このようなさまざまな治療戦略を駆使して治療が展開されていきます。

10.3　臨床行動分析

第 3 の波のなかでも機能的文脈主義の流れに属する心理療法には臨床行動分析と呼ばれる一群があり，アクセプタンス＆コミットメント・セラピー，行動活性化療法，機能分析心理療法などが含まれます。それらは行動分析学の伝統に根ざしていますが，クライエント理解や支援のために私的出来事（思考，感情，感覚など，個人のみが観察可能な事象）にも目を向けます[*7]。

臨床行動分析は，伝統的な臨床的問題に対して，最新の機能文脈的な行動分析の前提，原理，方法を適用するものです。そこでは，言語の役割と使用に注目し，言語と認知に関するプロセスと原理を強調します。つまり，ことばが関与する問題に関わる，行動分析学的な研究・実践の一領域として臨床行動分析があるのです（Hayes & Bissett, 2000；武藤・高橋 , 2007）。

伝統的な臨床的問題とは，成人対象の外来支援を指します。従来の応用行動分析は顕在的行動を標的として，環境操作が可能な状況で力を発揮していましたが，ことばが関わる問題には十分に踏み込めていませんでした。しかし，ルール支配行動や関係フレーム理論（第5章）の発展に伴い，そうした問題への対応が本格的に可能になりました。伝統的な臨床的問題を対象とする応用行動分析の一分野として，臨床行動分析が成立したのです。

外来という場面では面接室が主要な舞台となるため，行動的な支援にとって重要な要素が制限されます。たとえば，問題行動の観察機会が限られ，直接の介入が困難であること，クライエントさんの（正確とは限らない）報告をもとに支援を考える必要があることなどです。臨床行動分析では，こうした状況下での支援戦略が用意されています。ここからは機能分析心理療法とアクセプタンス&コミットメント・セラピーを概観しながら，臨床行動分析について理解を深めていきましょう。

10.4　機能分析心理療法

(1) 治療関係に目を向ける

機能分析心理療法（Functional Analytic Psychotherapy: FAP《ファップ》; Kohlenberg & Tsai, 1991）では治療関係を重視します[＊8]。それは，日常での問題行動は面接室でも生じ，面接室で学習した行動は日常でも生じるというFAPの前提と密接に関わります（大河内, 2019）。そして，日常の問題行動と機能的に似た面

＊7　行動分析学では，私的出来事の後続する行動への影響は認めますが，他の行動の原因としては扱いません。私的出来事は環境の影響を受けるものであるため，他の行動の原因にはならないのです（佐藤 , 2023）。

＊8　FAPは徹底的行動主義に基づくと明言していますが，本書では機能的文脈主義という表現で統一しています（第7章脚注＊2も参照）。

接室内の行動（**臨床関連行動** 1, clinically relevant behavior: CRB1）と，代替となる適応的行動（臨床関連行動 2，CRB2）を面接内で扱います。

FAP ではセラピストの振る舞いが持つ機能を活用します。その機能はクライエントさんの行動に影響を及ぼすため，“今，ここ”での関係が重要です (Kohlenberg et al., 2009)。FAP では，病理と治療には対人関係が関わると考えるため，問題となる行動が生じる日常の関係と機能的に類似した治療関係を創ります。すると刺激般化によって CRB1 が生じやすくなり，“今，ここ”での CRB1 への介入が可能になります。CRB1 への介入は CRB2 の呼び水となり，それを強化するのです。そうして確立された CRB2 は，治療関係がふだんの対人関係と類似していれば，日常へ般化することが期待できます。

面接室内での変化を日常に般化させるには，クライエントさんの報告の正確性を高め，ホームワークの遂行頻度を上げることが重要です。報告が正確であれば日常の様子をより理解できるため，面接室と日常の相似度の向上や CRB の特定が容易になります。また，クライエントさんが CRB の随伴性を記述できると，それをきっかけに適応的なルール支配行動が生じるかもしれません (e.g.,「こういう状況ではこうするとよいんだ」というようなルールが生まれ，それに従って適応的に行動するなど)。CRB2 の般化を促すために，ホームワークは重要な意味を持つのです（Tsai et al., 2012)。

(2) 気づく

適切な治療関係を築き，“今，ここ”で介入するためには，クライエントさんの行動をよぉ～く観察しなければなりません。CRB に気づかなければ，適切な介入はできません。また，観察対象は CRB だけではありません。治療関係を用いた支援では，セラピストの反応が CRB2 への強化子となる必要がありますが，実際にセラピストがうまく機能しているかどうかは CRB の変化によってしか確認できません。セラピストは，自分自身の振る舞いの機能をモニターしなければならないのです。

(3) 機能に徹底する

FAP はその名のとおり，機能的な視点に徹底します。そのため，CRB はそのクライエントさんが示す問題との関連から理解されます。たとえば，主張が強く他者からの要求を受け入れることができない（拒否する）クライエントさんと，主張ができず要求を受け入れてばかりいるクライエントさんでは，当然CRBは異なります。セラピストからのホームワークの依頼を快諾することは，前者ではCRB2で，後者ではCRB1かもしれません。

以上のように，FAPは使用する技法などの形態ではなく，機能に徹底する姿勢から特徴づけられます。そのため，他の心理療法と組み合わせ，効果を後押しすることも可能となります（たとえばFAP × ACT（Callaghan et al., 2004））。

10.5　アクセプタンス＆コミットメント・セラピー

（1）闘いを手放す

アクセプタンス＆コミットメント・セラピー（Acceptance and Commitment Therapy: ACT《アクト》; Hayes et al., 2012）は，関係フレーム理論（RFT）を基盤としており，ことばの問題やその活用に注目します。RFTによれば，ヒトはことばによって現実にはない出来事を体験できるため，不快刺激がなくても不快になれます。また，関係づけは恣意的に可能であるため，さまざまな出来事がネガティブな機能を持ち得ます。

また，不快な体験を避ける傾向は自然なことですが，それらの試みが悪循環を生むという知見が提出されるようになりました（e.g., Wegner, 1994）。そうした不快な体験をコントロールする試みは**体験の回避**と呼ばれ，いろいろな心理行動的問題への関与が示されています（Hayes et al., 1996）。たとえば，嫌いな上司について考えないようにがんばればがんばるほど，より不快で，リアルな情景が浮かんでくる……みたいな。

そこでACTでは，体験の回避の低減をねらい，体験を変えるのではなく受け入れる戦略を取ります。これが**アクセプタンス**です。体験の回避の悪循環に気づき，さまざまな体験と積極的に接触できるように支援します。その際，メタファーやエクササイズなどの体験的方略をたくさん使います。それらは日常経験を面接の場で再現することで，日常と面接室の機能的な類似性を高めるのです。

(2) ことばの毒を抜く

ACT では，心理的（不）健康を 6 つのプロセスから理解します（図 10–4）。図 10–4 の六角形の外側が適応的状態，内側が非適応的状態を表し，それぞれが適応側にある状態を**心理的柔軟性**が高いと記述します[*9]。私たちはことばを使って考えますが，それは物事を関係づける行動であり，考えは現実ではなくことばに過ぎないこと（ことば≠現実）にはほとんど気づけません。そして，ことばを信じきってそれにとらわれると（ことば＝現実），考えに固執して柔軟に振る舞えなくなります。たとえば「私は誰からも愛されていない」という思考はあくまでもふと頭に浮かんだことばですが，あたかもそのことばを信じ切ってそんなことはないのに現実のことのように感じてしまいます。このことを

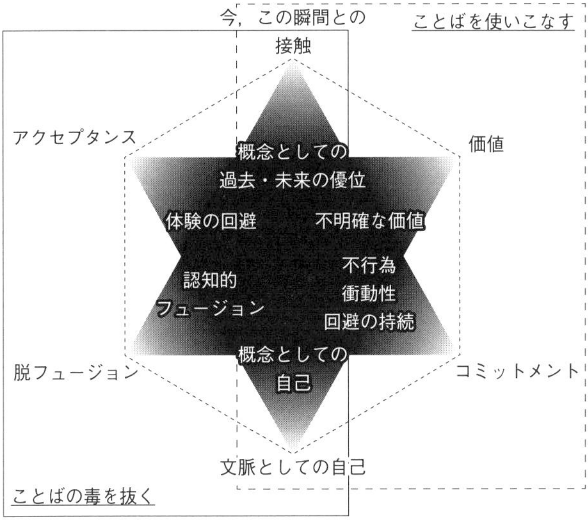

図 10–4　ACT の 6 つのプロセス

（武藤，2017 を一部改変）

＊9　各プロセスや心理的（非）柔軟性は，（不）適応行動の生起を説明するための構成概念ではありません。あくまで状態を記述する用語であり，「心理的柔軟性が高いから適応的行動がとれる」という表現は誤りです。

認知的フュージョンといいます。そうした非柔軟性から抜け出すために，考えているプロセス自体に気づくなどの方法で思考との関係を変えていきます。認知的フュージョンから抜け出すことを**脱フュージョン**といいます。すなわち考えの機能や影響を変えるのです（Hayes et al., 2012）。先の例にもう一度登場してもらいましょう。「私は誰からも愛されていない」という思考で認知的フュージョンが生じている場合，その思考は「悲しみ」という感情を喚起させるかもしれません。つまり，この思考は「感情に影響を与える」という機能を持っています。しかし，ACT によって「私は誰からも愛されていない」という思考が全然気にならなくなったとしましょう（脱フュージョン）。そうすると，「私は誰からも愛されていない」という思考が浮かんでも特に心は揺れません。この思考は「感情に影響を与える」という機能を失ってしまったのです。言い換えると，思考の機能が変わったのです。ちなみに，行動療法の第3の波でたびたび見聞きする「認知の機能（や影響）の変容」というのは，たとえばこういったことを指します。

また，時間や自己へのとらわれと脱却に関わるのが，「概念としての過去・未来の優位――今，この瞬間との接触」，そして「概念としての自己――文脈としての自己」というプロセスです。前者は過去や未来にとらわれず，今，この瞬間の内外の体験に立ち返ること，後者は「自分は～である」という自己概念にとらわれず，ありのままの自己を観察することです。どのプロセスもマインドフルネスとの密接な関連があり，体験とのつき合い方（機能）を変えることが目的です。

(3) ことばを使いこなす

体験との新しいつき合い方を身につけるのは，人生を切り開くためです。ACT では，人生の重要な方向性を言語化し，それを指針に行動を方向づけます。これは**価値の明確化**と呼ばれ，元気づけられる活動のパターン，つまり正の強化の随伴性を自覚化する作業です。そしてその指針に沿った行動に取り組む**コミットメント**によって，人生を広げていくのです。

このように，ACT ではことばの悪影響をかわすだけでなく，ことばをうまく使うことで，理想の自分らしい行動を増やし，有意義な人生へと後押しします。変えられないものを受け入れて，大切な方向へと柔軟に行動していくための支援といえるでしょう。

さてここまでのところで，FAP や ACT での具体的な技法は紹介しませんでした。なぜなら，両者を特徴づけるのは技法ではなく，機能に徹底するスタンスであり，世界観，原理，その上に構築された理論がまず重要になるからです（武藤 , 2010）。機能的な見方を徹底し，原理やそれぞれの理論に基づいていれば，使う技法にかかわらず FAP や ACT といった臨床行動分析の実践になり得るのです。

10.6 まとめ

本章では，行動療法の第 3 の波を取りあげ，ごくごく一部ではありますが最新の認知行動療法について紹介してきました。第 3 の波では従来の認知行動療法では不十分だった点を補うような形で，さまざまな認知行動療法が誕生しました。認知行動療法は今後もますます進化を遂げ，より洗練されたものになっていくでしょう。ここでは紹介しきれなったものもたくさんあります。ぜひ本書を皮切りに，最新の認知行動療法についてさらに学びを深めていってください。

（松野航大・嶋大樹・原真太郎）

引用・参考文献

Baruch, D. E., Kanter, J. W., Busch, A. M. Plummer, M. D.. Tsai, M., Rusch, L. C., Landes, S. J., & Holman, G. I. (2009). Lines of evidence in support of FAP. In M. Tsai, R. J. Kohlenberg, J. W. Kanter, B. Kohlenberg, W. C. Follette, & G. M. Callaghan (Eds.), *A Guide to Functional Analytic Psychotherapy: Awareness, Courage, Love, and Behaviorism* (pp. 21-36). Springer.

Callaghan, G. M., Gregg, J. A., Marx, B. P., Kohlenberg, B. S., & Gifford, E. (2004). FACT: The utility of an integration of functional analytic psychotherapy and acceptance and commitment therapy to alleviate human suffering. *Psychotherapy: Theory, Research, Practice, Training, 41* (3), 195-207. https://doi.org/10.1037/0033-3204.41.3.195

Dougher, M. J., & Hayes, S. C. (2000). Clinical Behavior Analysis. In M. J. Dougher (Ed.), *Clinical Behavior Analysis* (pp. 11-25). Context Press.

Hayes, S. C. (2004). Acceptance and commitment therapy, relational frame theory, and the third wave of behavioral and cognitive therapies. *Behavior Therapy, 35*(4), 639-665. https://doi.org/10.1016/S0005-7894(04)80013-3

Hayes, S. C., & Bissett, R. T. (2000). Behavioral psychotherapy and the rise of clinical behavior analysis. In J. Austin, & J. E. Carr (Eds.), *Handbook of Applied Behavior Analysis* (pp. 231-245). Context Press.

Hayes, S. C., Strosahl, K. D., & Wilson, K. G. (2012). *Acceptance and Commitment Therapy: The Process and Practice of Mindful Change.* Guilford Press. (ヘイズ，S. C.・ストローサル，K. D.・ウィルソン，K. G.　武藤 崇・三田村 仰・大月 友（監訳）(2014)．アクセプタンス&コミットメント・セラピー 第 2 版 —— マインドフルな変化のためのプロセスと実践 ——　星和書店)

Hayes, S. C., Wilson, K. G., Gifford, E. V., Follette, V. M., & Strosahl, K. (1996). Experiential avoidance and behavioral disorders: A functional dimensional approach to diagnosis and treatment. *Journal of Consulting and Clinical Psychology, 64,* 1152-1168. https://doi.org/10.1037//0022-006x.64.6.1152

Kabat-Zinn, J. (1994). *Wherever You Go, There You Are: Mindfulness Meditation in Every-Day Life.* Hyperion.

Kohlenberg, R. J., & Tsai, M. (1991). *Functional Analytic Psychotherapy: Creating Intense and Curative Therapeutic Relationships.* Plenum Press. (コーレンバーグ，R. J.・サイ，M. 大河内浩人（監訳）(2007)．機能分析心理療法 —— 徹底的行動主義の果て，精神分析と行動療法の架け橋 ——　金剛出版)

Kohlenberg, R. J., Tsai, M., & Kanter, J. W. (2009). What is functional analytic psychotherapy? In M. Tsai, R. J. Kohlenberg, J. W. Kanter, B. Kohlenberg, W. C. Follette, & G. M. Callaghan (Eds.), *A Guide to Functional Analytic Psychotherapy: Awareness, Courage, Love, and Behaviorism* (pp. 1-20). Springer.

Luciano, C., Törneke, N., & Ruiz, F. J. (2023). Clinical Behavior Analysis and RFT: Conceptualizing Psychopathology and Its Treatment. In M. P. Twohig, M. E. Levin, & J. M. Petersen (Eds.), *The Oxford Handbook of Acceptance and Commitment Therapy* (pp. 109-141). Oxford University Press.

Linehan, M. M. (1993a). *Cognitive-Behavioral Treatment of Borderline Personality Disorder.* The Guilford Press. (リネハン，M. M.　大野 裕（監訳）(2007)．境界性パーソナリティ障害の弁証法的行動療法　誠信書房)

Linehan, M. M. (1993b). *Skills Training Manual for Treating Borderline Personality Disorder.* New York: The Guilford Press. (小野和哉（監訳）(2007)．弁証法的行動療法実践マニュアル —— 境界性パーソナリティ障害への新しいアプローチ ——　金剛出版)

Linehan, M. M. (2015). *DBT Skills Training Manual Second Edition.* The Guilford Press.

Martell, C. R., Addis, M. E., & Jacobson, N. S. (2001). *Depression in Context: Strategies for Guided Action.* Norton. (マーテル，C. R.・アディス，M. E.・ジェイコブソン，N. S.　熊野 宏昭・鈴木 伸一（監訳）(2011)．うつ病の行動活性化療法 —— 新世代の認知行動療法によるブレイクスルー ——　日本評論社)

Miller, A. L., Rathus J. H., & Linehan, M. M.（2007）. *Dialectical Behavior Therapy with Suicidal Adolescents.* The Guilford Press.（ミラー，A. L.・レイサス，J. H.・リネハン，M. M.　高橋祥友（訳）（2008）．弁証法的行動療法 ―― 思春期患者のための自殺予防マニュアル ―― 金剛出版）

武藤 崇（2010）．ACT（アクセプタンス&コミットメント・セラピー）　臨床心理学，*10,* 291-297.

武藤 崇（2015）．行動分析学による問題解決② ―― 青年・成人における問題解決ストラテジーを整理する ――　日本行動分析学会（編）ケースで学ぶ行動分析学による問題解決（pp. 20-28）金剛出版

武藤 崇（2017）．なぜ「55 歳からは ACT」なのか　武藤 崇（編著）55 歳からのアクセプタンス&コミットメント・セラピー ―― 超高齢化社会のための認知行動療法の新展開 ―― ratik

武藤 崇・高橋 稔（2007）．成人の応用行動分析 ―― オトナにも行動分析は使える ――　大河内 浩人・武藤 崇（編著）行動分析（pp. 69-78）ミネルヴァ書房

武藤 崇・梅澤 友香里（2015）．行動的心理療法における“抵抗”に対する機能分析とその改善　立命館文學，*641,* 69-82.

大河内 浩人（2019）．機能分析心理療法（FAP）　日本認知・行動療法学会（編）認知行動療法事典（pp. 298-299）丸善出版

佐藤 方哉（2023）．言語への行動分析学的アプローチ　日本行動分析学会（編）新装版 ことばと行動（pp. 3-23）金剛出版

Segal, Z. V., Williams, J. M. G., & Teasdale, J. D.（2002）. *Mindfulness-based Cognitive Therapy for Depression: A New Approach to Preventing Relapse.* Guilford Press.（シーガル , Z. V.・ウィリアムズ , J. M. G.・ティーズデール , J. D.　越川 房子（監訳）（2007）．マインドフルネス認知療法 ―― うつを予防する新しいアプローチ ――　北大路書房）

Tsai, M., Kohlenberg, R. J., Kanter, J. W., Holman, G. I., & Loudon, M. P.（2012）. *Functional Analytic Psychotherapy: Distinctive Features.* Routledge.（サイ，M.,・コーレンバーグ，R. J.・カンター，J. W.・ホルマン，G. I.・ラウドン，M. P.　杉若 弘子・大河内 浩人・河越 隼人・木下 奈緒子（訳）（2023）．機能分析心理療法 ―― 臨床家のためのガイドブック ――　金剛出版）

Wegner, D. M.（1994）. Ironic processes of mental control. *Psychological Review, 101*（1）, 34–52. https://doi.org/10.1037/0033-295X.101.1.34

おわりに

ここまでの行動療法，認知行動療法の学びはどのような旅路でしたでしょうか？　認知行動療法の実践と研究は今現在も発展の真っ只中です。この世界はどんどん広がっていくことでしょう。みなさまともどこかの道でお会いすることがあるかもしれません。そのときはどうぞよろしくお願いいたします。ぜひ学びの時間を共有しましょう。

もちろん本書で行動療法，認知行動療法の学びが完結するわけではありません。あくまでも通過点です。しかしながら，本書がこれまでに積み上げられてきたみなさまの学びと統合され，今後の臨床実践や研究に少しでも役立つものになっていたら，たいへんうれしく思います。

最後に，本書の刊行までに多大なるご助力をいただいたナカニシヤ出版のスタッフの方々に心より感謝申し上げます。特に心理学の書籍としてはかなりユニークである本書の企画に即答でご快諾していただきましたナカニシヤ出版編集部の山本あかね様，時間の限られたなかで非の打ち所のない編集作業にご尽力いただきました後藤南様，本当にありがとうございました。また，恩師，同僚，友人，家族をはじめ，本書の制作に関わっていただいたすべての方々，そしてこの本を手に取っていただいたみなさまに，著者を代表し，この場をお借りして厚く御礼申し上げます。

本書がちょっとだけでも世の中を楽しくしてくれたらいいなと願っています。

著者を代表して

松野　航大

事項索引

な 行

は 行

ま 行

や 行

ら 行

人名索引

■著者紹介

松野 航大（まつの こうだい）
武蔵野大学通信教育部講師
臨床心理士，公認心理師，産業カウンセラー
専門は認知行動療法，家族心理学，産業カウンセリング

嶋 大樹（しま たいき）
追手門学院大学心理学部講師
臨床心理士，公認心理師，博士（人間科学）
専門は臨床行動分析，認知行動療法

原 真太郎（はら しんたろう）
上越教育大学大学院学校教育研究科講師
臨床心理士，公認心理師，博士（人間科学）
専門は行動医学，認知行動療法

すいすい学べる認知行動療法
行動療法の基本と認知療法、マインドフルネス

2024年 4 月 1 日　初版第 1 刷発行
2024年 7 月25日　初版第 2 刷発行
（定価はカヴァーに表示してあります）

著　者　松野 航大・嶋 大樹・原 真太郎
発行者　中西　良
発行所　株式会社ナカニシヤ出版
〒606-8161　京都市左京区一乗寺木ノ本町15番地
Telephone 075-723-0111
Facsimile　075-723-0095
Website https://www.nakanishiya.co.jp/
Email　iihon-ippai@nakanishiya.co.jp
郵便振替　01030-0-13128

装幀・本文イラスト＝鈴木素美／印刷・製本＝亜細亜印刷（株）
Printed in Japan.
Copyright © 2024 by K. Matsuno, T. Shima, & S. Hara
ISBN978-4-7795-1785-3
本書のコピー，スキャン，デジタル化等の無断複製は著作権法上での例外を除き禁じられています。本書を代行業者等の第三者に依頼してスキャンやデジタル化することはたとえ個人や家庭内の利用であっても著作権法上認められておりません。